发掘潜能，展开想象翅膀；寓教于乐，拓宽知识视野。推理游
思维敏捷力和逻辑推理水平，在游戏中享受推理的魅力，1

华业 \ 主编

学生书架

中国学生不可不玩的

思维游戏

图书在版编目（CIP）数据

中国学生不可不玩的思维游戏／华业主编.

北京：石油工业出版社，2011.10

（学生书架）

ISBN 978-7-5021-8665-4

Ⅰ.中…

Ⅱ.华…

Ⅲ.①智力游戏 – 青年读物　　②智力游戏 – 少年读物

Ⅳ.G 898.2

中国版本图书馆 CIP 数据核字（2011）第 180913 号

学生书架：中国学生不可不玩的思维游戏

华业　主编

出版发行：石油工业出版社

　　　　（北京安定门外安华里 2 区 1 号楼　　100011）

　　　　网　址：www.petropub.com.cn

　　　　编辑部：（010）64523559　营销部：（010）64523603

经　　销：全国新华书店

印　　刷：北京紫瑞利印刷有限公司

2012 年 1 月第 1 版　2020 年 9 月第 2 次印刷

710×1000 毫米　开本：1/16　印张：13.5

字　　数：205 千字

定　　价：48.00 元

学生书架

思维游戏

开动大脑启发智慧

你紧绷着神经，不敢漏掉一个关键词，经过一番认真地分析、推理，你终于从迷雾似的案件中找到了真凶！你会为此而欢呼雀跃，而你的智慧也会为你带来荣誉和成功。

中国学生不可不玩的思维游戏

思维是人脑对客观现实概括的和间接的反映，所反映的是事物共同的、本质的属性和事物间内在的、必然的联系，是一种理性认识。思维的过程是对事物进行分析、综合、比较、抽象和概括的过程，是人们在认识活动中运用概念、判断、推理等思维形式，对客观现实进行间接的、概括的反映的过程。解决问题的具体心理过程分为发现问题、分析问题、提出假设和验证假设4个阶段。

《中国学生不可不玩的思维游戏》中选取了非常有趣的思维游戏，旨在使学生通过这些思维游戏的训练全面开发左右脑，快速提升大脑反应能力，在游戏中体会学习的乐趣，激发学生学习的热情。本书中的思维游戏，形式多样、趣味无穷、难易结合、轻松幽默，带领你一步步走进神秘的思维城堡。游戏中显现智慧，过程中训练思维，让你在苦思冥想之中不知不觉地提高思维创新能力。本书以休闲的游戏、有趣的内容取代各类理论书籍的生硬刻板，让你在轻松愉悦的训练中达到激荡脑力、激发思维潜能的训练效果。

本书共分为三部分：新手上路、高手进阶和思维达人。新手上路为思维游戏的初级入门阶段，这部分是经过精挑细选的一些构思精巧、引人入胜的简单游戏。在游戏与挑战之间，既能让你蹙眉、凝神，又能让你会心一笑，在有意无意中点燃你的智慧火花，使你的思维全面升级；高手进阶为中级阶段，在这部分中加入了经典、有趣的思维测试题，从各个方面激发你的大脑潜能，培养你的创造能力、观察力、分析力、发散思维能力、逻辑思维能力，让你在轻松有趣的游戏中挖掘出大脑的潜质，在思考的过程中得到快乐；思维达人为思维游戏的最高级阶段，融知识性、趣味性于一体，涉及悬疑推理、科普知识、逻辑智能开发、数学智能开发等诸多方面，全面、科学地培养读者的多元化智能优势，使读者成为一个真正的思维达人。

当你读完这本书时，有趣的思维游戏会让你有眼前一亮的感觉，一个个精彩游戏给了你无限的启发，让你跳出思维误区，改变被动的思维习惯，跳脱陈旧思维的束缚，做出创新的举动，做个真正有思想的行动者。

目 录

[答案]

🔵 高手进阶

思维训练指数：☆☆☆☆

[答案]

思维达人

思维训练指数：☆☆☆☆☆

新手上路

思维训练指数：☆☆☆

SIWEIYOUXI
XINSHOUSHANGLU

　　本部分为思维游戏的初级阶段，旨在开发读者的思维能力，其中多为发散思维类的脑筋急转弯及其常识类的思维游戏，这些构思精巧、风趣简单的游戏，既能让你蹙眉、凝神，又会让你会心一笑，让你在瞬息之间感受思维的无穷魅力，领略思维的奥妙之处。它会让你在不知不觉之间，提高自己的思维能力，玩转你的思维，玩出你的智慧。

怎么看

有2个人，一个面向东，一个面向西地站立着。在不许回头，不许转身，不许照镜子的情况下，他们有可能看到对方的脸吗？

提示：常识谜题

站在鸡蛋上的人

神童威为什么能站在一个鸡蛋上面？

提示：常识谜题

挨打

警察面对两名歹徒，但他只剩下一颗子弹，他对歹徒说：谁动就打谁，结果没动的反而挨子弹，为什么？

提示：常识谜题

照片

我的一个朋友没有兄弟姐妹。有一次，他指着一张照片上的人说："这个人的父亲是我父亲的儿子。"请问照片上的人是我这位朋友的什么人？

提示：分析法

分馒头

盆里有6只馒头，6个小朋友每人分到1只，但盆里还留着1只，为什么？

提示：脑筋急转弯

做什么

你能做，我能做，大家都做；一个人能做，两个人不能一起做。这是做什么？

提示：常识谜题

谁是总统

美国的总统死了，副总统就是总统；那么，副总统死了，谁是总统？

提示：脑筋急转弯

没有受伤

一位卡车司机撞倒一个骑摩托车的人，卡车司机受重伤，摩托车骑士却没事，为什么？

提示：脑筋急转弯

孔子与孟子的区别

孔子与孟子有什么区别？

提示：脑筋急转弯

打麻将

四个人在一间小屋里打麻将（没有其他人在看着），这时警察来了，四个人都跑了，可是警察到了屋里又抓到一个人，为什么？

提示：脑筋急转弯

牛的尾巴

一头牛，向北走 10 米，再向西走 10 米，再向南走 10 米，倒退右转，问牛的尾巴朝哪儿？

提示：常识谜题

8 的两半

把 8 分成两半，是多少？

提示：脑筋急转弯

沙滩上的脚印

有一个人走在沙滩上，回头却看不见自己的脚印，为什么？

提示：倒推法

跨不过去的书

一个人的前面放了一本又厚又宽的大书，他想跨过去可怎么也跨不过去，你知道这是什么原因吗？

提示：脑筋急转弯

拉不开的门

房间里着火了，小明怎么也拉不开门，请问他后来是怎么出去的？

提示：倒推法

两对父子

两对父子去打猎，他们每人打了 1 只野鸭，但是总共却只有 3 只，为什么？

提示：脑筋急转弯

买米

哥哥买了 3 袋米，弟弟买了 2 袋米，回家后他们把米放在 1 只大袋里，现在他们有几袋米？

提示：演绎法

睁一只眼，闭一只眼

小王是一名优秀士兵，在站岗值勤时，明明看到有敌人悄悄向他摸过来，为什么他却睁一只眼闭一只眼？

提示：脑筋急转弯

两个洞

为什么新买的袜子有两个洞？

提示：脑筋急转弯

奇妙的关系

在斜坡上，有两个人推车。迎面走过来一个人，问前面的那个人："后边的那个人是你的儿子吗？"那个人说：

"是!"他又问后面的那个人:"前面的那个人是你的爸爸吗?"他却说:"不是!"请问这是什么关系?

提示:排除法

 小孔

有一个小圆孔的直径只有1厘米,而一种体积达100立方米的物体却能顺利通过这个小孔,那么它是什么物体呢?

提示:脑筋急转弯

 **不能居住的地球**

上课时,老师问同学:"没有人类及动物居住的地球是什么呢?"小名很快便答对了。你知道他的答案是什么吗?

提示:脑筋急转弯

 **复杂的关系**

你爷爷的儿子的爸爸的妈妈的姑姑的小姨的叔叔的大伯跟你是什么关系?

提示:脑筋急转弯

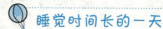 **长方体盒子**

一个长方体盒子,有8个角,8条边,请问这个长方体盒子从中间切开,还剩几个角,几条边?

提示:演绎法

 **右手不能拿**

有一个东西,你能用左手拿,不能用右手拿,这东西是什么?

提示:演绎法

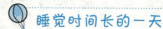 **睡觉时间长的一天**

一个人一年中哪一天睡觉时间最长?

提示:常识谜题

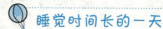 **怎么"放手"**

你怎样才能把你的左手全部放入你身上右边的裤袋内,而同时又把你的右手全部放入左边的裤袋内?

提示:倒推法

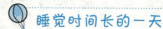 **鸡的数目**

5只鸡5天生了5个蛋。100天内要100个蛋,需要多少只鸡?

提示:常识谜题

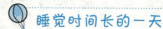 **不能主持**

仪式牧师主持过各种各样的仪式,可是有一种却是他无法主持的。请问是什么?

提示:常识谜题

吃草

草地上画了一个直径 10 米的圆圈，内有一头牛，圆圈中心插了一根木桩。牛被一根 5 米长的绳子拴着，如果不割断绳子，也不解开绳子，那么此牛能否吃到圈外的草？

提示：倒推法

变短

一根长棍子（不准弄断），那怎样才能使它变短？

提示：倒推法

坑里的土

一个挖好的长 6 米、宽 7 米、高 8 米的坑里有多少土？

提示：常识谜题

数的变换

一个数去掉首位是 13，去掉末位是 40。请问这个数是几？

提示：脑筋急转弯

鹿的放法

我们都知道把一只大象放进冰箱里分三步：第一步，把冰箱门打开；第二步，把大象放进去；第三步，把冰箱门关上。那么，请你把长颈鹿放进冰箱里分几步？

提示：递推法

小芬的生日

小芬对小芳说："后天的大前天的后天，也就是昨天的昨天的大后天是我的生日，请来参加我的生日会。"小芳应该什么时候赴约呢？

提示：分析法

特殊的"桥"

哪座桥不能开车也不能走人？

提示：脑筋急转弯

"口"的写法

两个口是吕，三个口是品，那么，四个口、五个口分别是什么字？

提示：演绎法

奇怪的东西

什么东西做的人知道，买的人知道，卖的人知道，用的人却不知道？

提示：常识谜题

放鸡蛋

三个鸡蛋，要放在两只盘子，一只盘子必须放一个怎么放？

提示：演绎法

满足

什么东西最容易满足？

提示：脑筋急转弯

小王的算术

小王没学过算术，老师却夸她的数学是数一数二的，为什么？

提示：脑筋急转弯

没有舌头

什么东西嘴里没有舌头？

提示：常识谜题

不喜欢吃的东西

什么东西人们都不喜欢吃？

提示：脑筋急转弯

没有伤者

一架飞机坐满了人，从万米高空落下坠毁，为什么却一个伤者也没有？

提示：脑筋急转弯

跳水

胖胖是个颇有名气的跳水运动员，可是有一天，他站在跳台上，却不敢往下跳。这是为什么？

提示：脑筋急转弯

设燃完的蜡烛

刮风的晚上，停电了，晓晓上床睡觉时忘了吹蜡烛，第二天醒来时，蜡烛居然还有很长一支没有燃完，怎么回事呢？

提示：脑筋急转弯

不能吃的瓜

冬瓜、黄瓜、西瓜、南瓜都能吃，什么瓜不能吃？

提示：脑筋急转弯

宝宝脱帽

冬天，宝宝怕冷，到了屋里也不肯脱帽。可是他见了一个人乖乖地脱下帽，那人是谁？

提示：常识谜题

老李的胡子

老李一天要刮四五十次脸，脸上却仍有胡子。这是什么原因？

提示：脑筋急转弯

寸步难行

什么车子寸步难行？

提示：脑筋急转弯

不能吃的蛋

什么蛋打不烂，煮不熟，更不能吃？

提示：脑筋急转弯

打东西

打什么东西，不必花力气？

提示：脑筋急转弯

火车的位置

火车由北京到上海需要6小时，行驶3小时后，火车该在什么地方？

提示：脑筋急转弯

时钟

时钟什么时候不会走？

提示：脑筋急转弯

买不到的书

书店里买不到什么书？

提示：脑筋急转弯

最窄的路

什么路最窄？

提示：脑筋急转弯

不能吃的东西

什么东西不能吃？

提示：脑筋急转弯

设有摔死？

一个人从飞机上掉下来，为什么没摔死呢？

提示：脑筋急转弯

常开的花

一年四季都盛开的花是什么花？

提示：脑筋急转弯

最喜欢听的字母

什么英文字母最多人喜欢听？

提示：脑筋急转弯

小明看卷

小明知道试卷的答案，为什么还频频看同学的？

提示：脑筋急转弯

锤不破

用铁锤锤鸡蛋为什么锤不破？

提示：脑筋急转弯

不同寻常的事

什么事天不知地知，你不知我知？

提示：脑筋急转弯

第一件事

早晨醒来，每个人都要做的第一件

事是什么?

提示: 常识谜题

不转的轮胎

汽车在右转弯时, 哪只轮胎不转?

提示: 脑筋急转弯

一篇课文

为什么小王从初一到初三就学了一篇课文?

提示: 脑筋急转弯

空肚子

一个人空肚子最多能吃几个鸡蛋?

提示: 脑筋急转弯

接下来的事

当哥伦布一只脚迈上新大陆后, 紧接着做什么?

提示: 脑筋急转弯

晕倒的毛毛虫爸爸

毛毛虫回到家, 对爸爸说了一句话, 爸爸当场晕倒, 毛毛虫说了什么话?

提示: 脑筋急转弯

太平洋中间

太平洋的中间是什么?

提示: 脑筋急转弯

二十八天

哪一个月有二十八天?

提示: 常识谜题

不死的鹅

把一只鸡和一只鹅同时放在冰箱里, 为什么鸡死了鹅没死?

提示: 脑筋急转弯

万兽大王

万兽大王是谁?

提示: 脑筋急转弯

解谜

用什么可以解开所有的谜?

提示: 脑筋急转弯

死后出现

什么样的人死后还会出现?

提示: 脑筋急转弯

最远的声音

谁说话的声音传得最远?

提示: 脑筋急转弯

同一天

什么东西的制造日期和有效期是同

一天?

提示:常识谜题

用功

小咪昨晚花了整整一个晚上在历史课本上,可第二天妈妈还是骂她不用功,为什么?

提示:脑筋急转弯

遮住天空

能否用树叶遮住天空?

提示:脑筋急转弯

哭笑不得

什么东西使人哭笑不得?

提示:脑筋急转弯

走独木桥

有个人走独木桥,前面来了一只老虎,后面来了只熊,这个人是怎么过去的?

提示:脑筋急转弯

逃跑的犯人

监狱里关着两名犯人,一天晚上犯人都逃跑了,可是第二天看守员打开牢门一看,里面还有一个犯人?

提示:脑筋急转弯

名字

小明的妈妈有三个儿子,大儿子叫大明,二儿子叫二明,三儿子叫什么?

提示:脑筋急转弯

拔腿就跑

猫见了老鼠为什么拔腿就跑?

提示:脑筋急转弯

大象的耳朵

大象的左边耳朵像什么?

提示:脑筋急转弯

不同的时间

一只候鸟从南方飞到北方要用一个小时,而从北方飞到南方则需两个半小时,为什么呢?

提示:脑筋急转弯

骗别人,骗自己

什么人骗别人也骗自己?

提示:脑筋急转弯

爬电梯

李先生到16层楼去谈生意,但他只乘电梯到14层楼,然后再步行爬楼梯上去,为什么?

提示：脑筋急转弯

通用的数字

什么字全世界通用？

提示：常识谜题

最大的月亮

什么时候看到的月亮最大？

提示：脑筋急转弯

弄虚作假

什么最会弄虚作假？

提示：脑筋急转弯

两面的盒子

有两个面的盒子吗？

提示：脑筋急转弯

鸡蛋不破

拿鸡蛋扔石头，为什么鸡蛋没破？

提示：脑筋急转弯

字数

"新华字典"有多少个字？

提示：脑筋急转弯

没有草莓

客人送来一篮草莓，贝贝吵着要吃草莓。可妈妈偏说家里没有草莓为什么？

提示：脑筋急转弯

颜色变换

什么东西没吃的时候是绿的，吃的时候是红的，吐出来的是黑的？

提示：脑筋急转弯

没吃羊

一只狼钻进羊圈，想吃羊，可是它为啥又没吃羊？

提示：脑筋急转弯

一群羊

山坡上有一群羊，来了一群羊。一共有几群羊？

提示：脑筋急转弯

雨天

下雨了，大家都急着回家，可有一个人却不紧不慢地走着（他没撑雨伞）有人问他为什么不赶紧回家，他说了一句话，使那人晕了过去，请问他说了什么话？

提示：脑筋急转弯

老板炒的菜

老板从来不会烧菜，可他每天都会烧相同的一道菜，请问这是什么菜？

提示：脑筋急转弯

既上又下

有一种东西，上升的时候同时会下降；下降的同时会上升，这是什么？

提示：脑筋急转弯

从头来

做什么事要从头来。

提示：脑筋急转弯

下蛋

有一只公鸡在屋顶上下蛋，你说鸡蛋会从左边掉下还是右边？

提示：脑筋急转弯

螃蟹比跑

80厘米长的红螃蟹和30厘米长的黑螃蟹比赛跑步，谁会赢？

提示：脑筋急转弯

等级

元帅比将军高一个等级，什么时候元帅和将军平等？

提示：脑筋急转弯

不会湿的东西

什么东西掉进水里不会湿？

提示：脑筋急转弯

两头小猪

一头小猪卖200元，为什么两头小猪却可以卖几万人民币？

提示：脑筋急转弯

拖地

用什么拖地最干净？

提示：脑筋急转弯

大青马

为什么一匹大青马掉进饭碗里淹死了？

提示：脑筋急转弯

洗碗

平时吃晚饭都是爸爸洗碗，可今天爸爸为什么吃完饭却不洗碗？

提示：脑筋急转弯

毛毛虫过河

有一只毛毛虫要过河，前面没有桥，问它是怎么过去的？

提示：脑筋急转弯

流血

什么动物你打死了它，却流了你的血？

提示：脑筋急转弯

 绣花针

一根生锈的绣花针，在7月7日7时7分7秒，皓月当空之时，扔到云南饵海中将会发生什么反应？

提示：脑筋急转弯

 伤筋

什么筋伤了不能贴膏药？

提示：脑筋急转弯

 叫好

打破了什么人人都叫好？

提示：脑筋急转弯

🎈 **头发没湿**

一个人掉到海里，为什么他的头发没有湿？

提示：脑筋急转弯

🎈 **没飞走的鸟**

森林中有10只鸟，小明开枪打死了1只，其他9只却都没有飞走，为什么？

提示：脑筋急转弯

🎈 **最大的影子**

你每天都能看见的最大的影子是

什么？

提示：脑筋急转弯

🎈 **房子倒了**

积木倒了要重搭，房子倒了要怎样？

提示：脑筋急转弯

🎈 **盛产**

什么地方盛产安哥拉兔毛？

提示：脑筋急转弯

🎈 **外国字**

读一年级的东东没有学过外文，为什么也会写外国字？

提示：脑筋急转弯

🎈 **蜈蚣出门**

螳螂请蜈蚣和壁虎到家中做客，烧菜的时候发现酱油没了，蜈蚣自告奋勇出去买，却久久未回，究竟发生了什么事？

提示：脑筋急转弯

🎈 **游泳比赛**

一只狗和一只青蛙比赛游泳，平常都是青蛙游得快，为什么在一次比赛中狗赢了？

提示：脑筋急转弯

鸭蛋

小伟的书包里藏着一个鸭蛋，他为什么不肯拿出来交给妈妈做菜？

提示：脑筋急转弯

蚂蚁

有5只小蚂蚁，每只小蚂蚁都说它身后还有1只小蚂蚁，为什么？

提示：脑筋急转弯

自找苦吃

自找苦吃的地方是哪儿？

提示：脑筋急转弯

短期犯人

一间牢房关了两个犯人，其中一个因偷窃要关一年，另一个是强盗杀人犯却只关两个星期，为什么？

提示：脑筋急转弯

越剪越大

什么东西越剪越大？

提示：脑筋急转弯

一模一样的答卷

在一次监察严密的考试中，有两个学生交了一模一样的考卷。主考官发现后，却并没有认为他们作弊，这是什么原因？

提示：脑筋急转弯

鱼的生存

你知道为什么鱼只生活在水里，而不生活在陆地上吗？

提示：脑筋急转弯

哪个贵

你知道稀饭贵还是烧饼贵？

提示：脑筋急转弯

还剩什么

有一个人口袋里有5元钱，掉了5元钱，口袋里还剩下什么东西？

提示：脑筋急转弯

生日

小明今年12岁，为什么只过了三次生日？

提示：常识谜题

未碎的鸡蛋

小力把一个鸡蛋扔到2米多处还没碎，为什么？

提示：脑筋急转弯

不敢走的路

什么路人们最不敢走？

提示：脑筋急转弯

胡作非为

什么人敢在皇帝的头上胡作非为？

提示：脑筋急转弯

不好当的官

什么官，不发工资，却要给别人钱，还要赔笑脸？

提示：脑筋急转弯

不用腿走

马在哪里不需腿也能走？

提示：脑筋急转弯

挨批

杰克跑得最快，为什么他的长官还要批评他。

提示：脑筋急转弯

连环问

哈巴狗去掉尾巴最像什么动物？睡觉前要做什么事？

提示：脑筋急转弯

不出城

将军为什么不用出城作战？

提示：脑筋急转弯

最顶

天最顶上是什么？

提示：脑筋急转弯

湿淋淋的狗

什么狗身上湿淋淋的？

提示：脑筋急转弯

妈妈不能坐的地方

小明放学回家对妈妈说："家里有一个地方，我想坐就坐，而你却不能坐"你知道这是什么地方？

提示：常识谜题

只有十二个

一个人有一个，全国 12 亿人只有 12 个，这东西是？

提示：常识谜题

第二长

动物园里大象的鼻子最长，那谁是第二长的呢？

提示：脑筋急转弯

锁怕什么

最坚固的锁，最怕什么？

提示：常识谜题

扫地

王奶奶只花了一天，就能从广州扫到北京。她是怎样做到的？

提示：脑筋急转弯

进洞

一只老虎面前有 5 个山洞，每个山洞都有一只羊，它为什么进了第二个山洞？

提示：脑筋急转弯

姓

张飞的母亲姓什么？

提示：脑筋急转弯

最鲜的汤

烧什么汤最"鲜"？

提示：脑筋急转弯

走不了的路

什么路走不了。

提示：脑筋急转弯

胡须

有一种东西，成熟了会有胡须，这是什么？

提示：脑筋急转弯

有趣的东西

这个东西别人能用，自己也能用，但它属于自己，它是什么？

提示：脑筋急转弯

天天打架

天天和人打架的人是谁？

提示：脑筋急转弯

有什么不同

如果诸葛亮活着，世界现在会有什么不同？

提示：脑筋急转弯

狼的死因

一个猎人，一支枪，枪的射程是 100 米，有一只狼离猎人 200 米，猎人和狼都不动，可是猎人却开枪把狼打死了？

提示：脑筋急转弯

付钱

什么东西别人请你吃，但你自己还

是要付钱?

提示：脑筋急转弯

暗夜读书

一天晚上，A君在家读一本有趣的书，他的妻子把电灯关了。尽管屋内漆黑一团，A君仍然手不释卷，读得津津有味。这是什么道理？

提示：脑筋急转弯

金鸡独立

王先生在打太极拳时金鸡独立，站多久看上去都那么轻松，为什么？

提示：脑筋急转弯

一边刷牙，一边唱歌

李主任早上刷牙的时候一边刷牙一边大声唱歌，他是怎么做到的？

提示：脑筋急转弯

火灾

有个地方发生了火灾，虽然有很多人在救火，但就是没人报火警，奇怪吧?

提示：脑筋急转弯

奇怪的碰撞事件

马路上发生车祸碰撞事件，当警察

立刻赶往时虽然司机全力相助，一人却已死亡。依司机的说法，此人并非死于车祸，而是因肺癌丧命。因同坐车的只有司机和死者二人，根本没有目击者；但是，警察却立刻明白，司机并没有说谎。这是为什么？

提示：脑筋急转弯

抽烟

电影院内禁止吸烟，而在剧情达到高潮时，却有一男子开始抽烟，整个银幕笼罩着烟雾。但是，却没有任何一位观众出来抗议，这是为什么？

提示：脑筋急转弯

命令

纸上写着某一份命令。但是，看懂此文字的人，却绝对不能宣读命令。那么，纸上写的是什么呢？

提示：脑筋急转弯

管理员的帽子

在狩猎公园的池子中，鳄鱼正咬住管理员的帽子游走；只见池子外的所有管理员都一起叫骂着。但是，并没有人的帽子不见了！为什么？

提示：脑筋急转弯

相同服饰

一位服装模特儿小姐，即使在平日也穿着未经发布的新款服饰，但她常常看到穿着和她完全相同服饰的人。这是为什么？

提示：脑筋急转弯

 先点何物

火柴盒内只剩一根火柴棒。A 先生想点亮煤油灯，使煤炉起火，并烧热水的话，应该先点何物较佳？

提示：脑筋急转弯

 读

至少要多少时间才能读完清华大学？

提示：脑筋急转弯

 不吃草的牛

什么牛不会吃草？

提示：脑筋急转弯

 比细菌小

比细菌还小的东西是什么？

提示：脑筋急转弯

 第几名

你在跑步时超过了第二名，你是第几名？

提示：脑筋急转弯

 巧妙的移动

有一个数字，你拿走其中的一半就什么也剩不下了，你知道这个数字是什么吗？

提示：脑筋急转弯

 撞车了

一位父亲和他的儿子遇到了一起恶性交通事故。父亲死亡，儿子受了重伤。儿子被紧急送往医院，并直接进入手术室。一看到这位伤员的脸。外科医生吃惊地后退了一步，说道："我不能为这个伤员做手术——他是我儿子！"这种情况如何解释？

提示：脑筋急转弯

 人群

一名男子冲进人群，撕开了一位女士的上衣，猛击她胸口，并把她带走了。但是没有人试图去阻止他，包括附近的警察。这是为什么？这名男子手中没有武器，并且体格也不是特别健壮。

提示：脑筋急转弯

 手帕的挑战

在当地一个酒吧里，杰克向本发出

了挑战："我把这块普通的手帕放在地板上，你面对着我站在一个角落里，我站在另一个角落里。如果我们中的一个人不撕破手帕或者将它割开、拉扯或移动，我敢打赌你就不能碰到我？"这是怎么做到的？

提示：脑筋急转弯

 ## 谁是凶手

女主人发现佛瑞德和京格死在了地板上，感到十分伤心。在尸体旁边有一些碎玻璃，地毯湿乎乎的，两个人都没穿衣服。是谁杀了佛瑞德和京格？

提示：脑筋急转弯

 ## 买啤酒

一位男子来到纽约的一家酒吧，"请来一杯啤酒。"他对酒吧的男招待说。"要清淡啤酒还是特色啤酒？"男招待问。"有什么不同吗？"男子问。"清淡的啤酒90美分，特色啤酒1美元。"男招待回答。"我要特色啤酒"男子说着，把1美元放在柜台上。

又有一位男子进了酒吧，说道："请来一杯啤酒。"然后把1美元放在柜台上。男招待给他拿了一杯特色啤酒。他为什么这样做？

提示：分析法

 ## 完全失误

一名守夜者心急火燎地要见公司的CEO，这位CEO非常忙，马上就要飞往巴黎参加会议，只能抽出5分钟的时间见他。守夜者紧张地解释说，他昨夜被一个噩梦惊醒了，他梦见CEO乘坐的飞往法国的飞机坠落了，机上所有人员都死了。他恳求CEO不要乘坐这架飞机。CEO对他的关心表示感谢，但还是乘那架飞机去参加会议了。飞机没有坠毁，会议也很顺利。可是CEO一回到公司，马上解雇了那位守夜者。这是为什么？

提示：脑筋急转弯

 ## 棉线的难题

一个棉线卷轴的直径是1.1厘米，棉线的粗细是0.01厘米，并且棉线要在中心轴上缠绕0.4厘米厚。有什么最简单的办法计算出卷轴上棉线的长度？

提示：脑筋急转弯

 ## 窗子

一位女警察，眼睁睁地看着一名男子试图撬开门锁进入屋内。但男子没有成功，于是他打破了窗户上的玻璃。爬进了屋里。面对着一切，警察没有向上

级报告，你能解释其中的原因吗？

提示：脑筋急转弯

吹气球

有一家人正在为聚会做准备，他们把空气充进气球，并把他们系起来，以免空气跑掉。他们把气球放在前室的地板上，去购物了。当他们回来的时候，发现所有的气球都离开地板2厘米高了，房间的温度和气球相同，房间门是紧闭着的，并且安装了空气隔绝设备，房间里没有气流产生，气球里的气体也不比空气轻，你能对此做出解释吗？

提示：脑筋急转弯

有毒的昆虫

一位女士发现一只有毒的虫子钻进了电视机后面的墙洞里。由于担心孩子的安全，她希望清除掉这一危险物。此时已经是深夜了，她没有可以杀死这只虫子的药物，因为她讨厌杀任何活的东西。她又不希望把东西砸进墙里而使房子遭到破坏。她有什么办法可以不杀虫子又能把它弄出来？

提示：演绎法

扑克游戏

鹏鹏和阳阳两人正进行打扑克的最后决战。他们所使用的是五十二张的普通扑克牌。两人手中各有八张牌，任意五张可以连出。鹏鹏吹牛说，他手里有一副"顺子"——换句话说，五张连续的牌，没有一张断开。阳阳心里却很明白她在吹牛。阳阳必然根据自己手里的牌推测出鹏鹏在撒谎。请问，阳阳手里是什么样的牌呢？

提示：常识谜题

摔碎的钟表

一个钟表从墙上掉到了地板上，钟表的表面摔成了三块。每一块上面的数字相加，得到的和是相等的。每一块钟表表面上的数字各是多少？

提示：分析法

设想情景

一名女子拿着两本书走到柜台前，工作人员说："请付12元。"这名女子交完钱后便离开了，但是没有把书带走。你能解释其中的原因吗？

提示：脑筋急转弯

铁路工人

两名铁路工人正在检修路轨，这时一辆特快列车向他们迎面高速驶来。火车司机没有注意到他们正在路轨上工作，因此来不及减速了。这两名工人沿着特快列车所在的铁轨朝列车迎面跑去。在排除以下三种情况后，请问这是为什么？

（1）他们没有发疯也不想轻生。

（2）他们忘记了特快列车到达的时间。

（3）如果他们朝别的路上跑就会送命。

提示：假设法

 扔出去的球

尽你最大努力把一个球抛出去，使它停止飞行后再回到你身边。但你不能把球抛到墙上或任何障碍物上，也不能用东西拴住它，你能做到吗？

提示：倒推法

 奇怪的天气预报

这是发生在欧洲最北端的城市哈默菲斯特的事情。A先生在旅馆一边烤火，一边吃午餐。这时，收音机在正午报时后，开始报天气预报。"目前正在下的雪，将在24小时后停止。48小时后，太阳将会出来。"A先生听后很生气，说："不管怎么说，这种天气预报简直是胡说八道！"请问，A先生为何生气？

提示：常识谜题

 智送文件

间谍查理接到命令，要在2小时内将一份重要文件从B镇送到F镇的另一谍报员手中。这段路程行走要3小时，而开车30分钟可到达。查理的3部车皆有故障：一部刹车失灵，一部方向盘既不能向右也不能向左，还有一部根本动不了。每部车都加了刚好仅够来回的汽油。请问。查理能把重要文件按时送到吗？

提示：递推法

 切奶酪的方法

天天餐馆的美名奶酪，块块状如圆柱，远近闻名。有一天，餐厅服务员舟舟根据顾客的要求，请厨师阿亮把一块奶酪平均切成8块。阿亮只切了三刀，便完成了。他用的是什么刀法？

提示：分析法

 父子的岁数

在阿尔特道夫的广场上，有泰尔父子铜像。铜像前，有一对父子在交谈。22岁的儿子问父亲："爸爸现在多少岁？"父亲回答说："爸爸的岁数吗？爸爸岁数的一半再加上你的岁数，就是爸爸的岁数"。儿子陷入了沉思。请

问，这位父亲现在多少岁？

提示：分析法

魔术大师

舞台上，相隔1.5米放着2张木椅，美人儿丽莎头脚着椅仰卧着。两助手将床单盖在她身上，只露头脚在外面。魔术大师查理上台，"作法"一番。然后挥动双手，示意助手将两椅抽掉。顿时，奇迹出现了：丽莎小姐悬浮空中。查理继续"作法"，手往上一抬，丽莎似被牵动而往上浮；当查理手往下压，丽莎又往下沉。台下掌声雷动，观众啧啧称奇。你可知这魔术的奇妙之处在哪里吗？

提示：分析法

冰川考察队

德国的一支冰川考察队，历尽艰险，最终到达了目的地北极。此时，他们发现带的淡水用光了。发信号给救护船，但要等10多天才能送到，等着接雨水吧，可北极从不下雨。队员们焦急万分，队长弗兰克急中生智，想出了好办法，大家的脸上这才重新露出了笑容。

弗兰克的办法是什么？

提示：常识谜题

弟弟比哥哥大

在一艘名叫"圣玛丽娅"的远洋海轮上，一对孪生兄弟相继出世。奇怪的是，哥哥比弟弟早2小时出生，但弟弟却比哥哥大一天。你知道其中的奥秘吗？

提示：倒推法

兔子与胡萝卜

假设，三只兔子吃掉三根胡萝卜需要6分钟。那么一只半兔子吃掉一根半胡萝卜需要多长时间呢？

提示：递推法

海员的影子

吴海泉是一位中年海员。一天，他航海归来，给读初中三年级的儿子吴峰讲了一件奇怪的事：在绕过非洲南端去欧洲的途中。半年的航程里，有三次他站在甲板上，灿烂的阳光照耀在身上，可是他却发现自己没有影子。请你想一想：海员吴海泉的影子跑到哪里去了呢？

提示：分析法

模特表演

时装模特蓝雅的妈妈来看表演。表

演开始，蓝妈妈见台上一连出来4个漂亮的模特，都不是她女儿蓝雅，到了第5个才是她女儿出场。蓝妈妈还没看够，蓝雅又进去了。接着，又一连出来4个穿着完全不一样的模特，然后又是她女儿。蓝妈妈暗自道，这时装表演队的人真不少，前4个，后4个，加上我女儿共9个。但她听女儿讲，时装模特表演只有5个模特啊。难道她的计算有问题吗？

提示：常识谜题

夜晚的琴声

一天深夜，伦敦的埃奇韦尔教堂的牧师正在看书。黑暗中躲藏的一个窃贼被牧师发觉了。牧师既不敢叫喊，又无力与之搏斗，于是他悠然地坐在钢琴前弹起了激昂的乐曲。不久，贼被人们抓住了。请问：贼是怎么被抓住的？

提示：常识谜题

握手之谜

在两间相连的空房间内，取一张报纸铺在地上。波利亚特与詹姆斯两位好友，都站在这张四开的报纸上。他们虽然离得很近，却相互握不到对方的手。请问：这是怎么回事？

提示：常识谜题

斐济岛的商店

大洋洲岛国斐济有一个小岛，岛上的居民都信基督教。按照当地基督教的规定，礼拜天必须停止一切商业活动，所有商店都得关门。可有个聪明的店主，礼拜天仍照常营业，又未违反规定。你可知道这家商店有什么高招吗？

提示：分析法

沟通的语言

瑞士的居民中，有的说德语，有的说法语，有的说意大利语，有的则说罗马尼亚语等。有一次，四个日本人去瑞士旅游。A先生会说罗马尼亚语和德语，B先生会说德语和法语，C先生会说法语和意大利语，D先生会说西班牙语和英语。他们到达一个地方，看见一块用罗马尼亚语写的招牌。A先生读后，用德语讲给B先生听。请问，他们能够将这块招牌的意思传达给C先生和D先生吗？

提示：倒推法

恐怖游戏

这是一个恐怖游戏。在这个游戏中用的是真枪实弹。对决双方转轮决斗，首先在可以放6颗子弹的左轮手枪弹匣中，放进一颗子弹，放在哪个位置则不得而知，然后两个人开始轮流朝自己的头开枪。6次射击的其中一次，实弹会被发射出来，而玩家就性命不保了。请问：在这个游戏中是先开枪的人有利，还是后开枪的人有利？

提示：分析法

谁拿了冠军

秀秀是田径高手，有一天她参加运动会，经过一番激烈的角逐，终于进入决赛，准备夺取桂冠。在决赛的时候，她听到枪声响起立刻一马当先冲出起跑线，而且一路上都没有被其他任何选手超越。但是，第一个冲到终点线的人却不是她。这到底是怎么一回事？当然，秀秀并没有在半途弃权。

提示：常识谜题

有烙印的骆驼

在一个骆驼商队的队伍里，体弱的骆驼被排在队伍中间，强壮的骆驼则排在队伍的前头和末尾。可是，由于骆驼难以区分，所以，尽管很残酷，但还是决定按照1、2、3……的顺序，在骆驼身上烙上烙印。打烙印时骆驼由于疼痛而发出惨叫，每头骆驼各惨叫5分钟。

在每头骆驼发出的惨叫声不重复的条件下，假设这个商队由10头骆驼组成，那么，骆驼发出这种惨叫声的时间总共至少要持续几分钟？

提示：倒推法

播种高手与耕地高手

新泽西郊外的农场主A先生雇佣了两个农民种小麦。保罗善于耕田，可是，却不善于播种；尼克耕地速度很慢，但善于播种。这里总共有10亩的旱田，决定由他们两人各承担一半的任务。保罗和尼克分别从东西两侧开始工作。保罗耕地每亩花了20分钟，尼克则花了40分钟。但是，在播种时，尼克则以3倍于保罗的速度完成了任务。A先生针对他们两人完成的工作量所支付的工资，总共是100卢比。请问，他们两人以什么样的比例分成才合适呢？

提示：常识谜题

加尔各答的古老吊桥

从加尔各答近郊穿过的恒河中游地区，有一个只有沙子的小岛。岸上有一座古老的吊桥架在空中。一个男子路过这里顺便过桥去小岛看了看，可是，当他想返回对岸时，刚在吊桥上走了两三步，吊桥就发出嘎巴嘎巴的响声，似乎快要掉下去。这样，将无法返回对岸，而且，这男子一点儿也不会游泳。不管怎么叫喊，周围一个人影也没有。20天过去了，这男子在小岛上想尽了各种办法，希望脱离苦境。到了第21天，他终于安全地穿过吊桥，回到了对岸。

问：这是为什么？

提示：分析法

神奇的动物

你是否相信假设有一种动物已经灭绝了，它所有的后代子孙也已经被杀死了，但这种动物在两年之内又可以重新出现？

提示：常识谜题

树枝的形状

假如你正站在一片空地的一棵树下面，不许抬头，也不许用镜子，你能知道你头顶上的树枝是什么形状吗？

提示：常识谜题

发财妙计

边界接壤的两个国家，都将美元作为各自的货币单位，但两国纸币及硬币的图案都各不相同。由于两国外交上的分歧，A国政府某日突然贴出告示："从今以后，B国的1美元在我国只能当做90美分使用。"B国政府也不示弱，同样贴出告示："从今以后，A国的1美元在我国只能当做90美分用。"得知这个布告而欢喜雀跃的是一位住在边境附近的X男子。他即刻着手策划，据说不久就发了一笔大财。他究竟是怎么策划的？

提示：递推法

不小心掉的帽子

在流速每小时1公里的河流中，一只小船逆流而行。时钟正好敲响中午12点时，船上一位乘客的帽子不幸掉入河里。于是，他立即叫船夫掉头，但当船夫明白过来时，船已经驶到了离帽子100米的上游。假设这条船不限时间，返回原路追上帽子，那么追到帽子时，应是12点几分？并且，这条船的时速，在水面静止时为每分钟20米。

提示：分析法

红色牌与黑色牌

一副拿掉了大小王还剩下52张的扑克牌；将这副牌仔细地洗一遍后，分成两堆（A、B）之后，A里黑牌的张数与B中红牌的张数刚好相同的这种情况，1000次里能有几次？

提示：分析法

到达小岛的方法

湖中央有一个小岛，岛上有一棵树。湖水很深，且湖的直径是 80 米。在湖岸上还有一棵树。一个不会游泳的人想到岛上去，但他手头只有一根长 300 米的绳子。他是怎样到达小岛的？

提示：倒推法

满脸尘土的小孩

两个孩子正在库房的楼上玩儿，这时库房倒塌了，两人摔到了地上。当他们拍掉了身上的尘土，其中一个孩子的脸弄脏了，而另一个孩子的脸却是干净的。可是只有那个脸是干净的孩子去洗脸了，这是为什么？

（1）他们都不需要用冷水去敷身上的肿块，两人都没有受伤。

（2）两个孩子都没用脏手去摸自己的脸。

（3）地上满是尘土，而他们都流了汗。

（4）他们的脸没有碰到地面。

提示：假设法

猜黑白子的赌博

打一个下面的赌："把 100 粒黑子、100 粒白子混在一起分装进两个罐子里，哪一罐装多少不限，装完一旦盖上盖后，不要判断哪边装了多少。这时蒙上双眼，从其中一个罐里拿出一粒棋子。这粒棋子若是白的，你将得到 1 万元钱；若是黑的，你得拿出 1 万元来。"那么，如果是你的话，你将怎样操作才能使这个赌博有利于你？设定黑白棋子的石材、形状都完全一样。

提示：分析法

神奇的飞行员

某国的试飞员是一个很自负的家伙，不管到哪儿，起飞前，都只备刚够往返于目的地的燃料。因此，他必须做最短距离的飞行，而且来回也务必是同一线路。可是，有一天，他跟往常一样，没加一滴多余的燃料起飞后，再没回到出发的路线。有个人很担心他的安全，于是打电话向机场询问。然而回答出乎意料。他一如既往去到目的地后又飞了回来，燃料正好用光。这种事可能吗？

提示：常识谜题

花瓣游戏

有两个女孩摘了一朵有着 13 片花瓣的圆形的花，两人可以轮流摘掉一片花瓣或相邻的两片花瓣。谁摘掉最后的花瓣谁就是赢家，并以此来预测未来的婚姻是否幸福。实际上只要掌握一定的技巧，就能让自己永远都是赢家。你知道怎样才能在这场游戏中取胜吗？先摘还是后摘？应采取怎样的技巧呢？

提示：倒推法

赛马的名次

有甲、乙、丙、丁4匹马赛跑，它们共进行了4次比赛。结果是甲快乙3次，乙又快丙3次，丙又快丁3次。很多人会以为，丁跑得最慢，但事实上，丁却快甲3次，这看似矛盾的结果可能发生吗？

提示：分类法

羊狗过河

明明牵着一只狗和两只小羊回家，路上遇到一条河，没有桥，只有一条小船。并且船很小，他每次只能带一只狗或一只小羊过河。你能帮他想想办法，把狗和小羊都带过河去，又不让狗吃到小羊吗？

提示：递推法

新手司机

一位新手司机驾着小轿车会见朋友，半路上忽然有一个轮胎爆了。当他把轮胎上的4个螺丝拆下来，从后备箱里把备用轮胎拿出来时，不小心把4个螺丝踢进了下水道。请问：新手司机该怎么做才能使轿车安全地开到距离最近的修车厂？

提示：分析法

要钱的妙招

父亲对儿子说：这里有1000元，你如能猜到我在想什么，那这钱就给你。儿子很想要这1000元，于是左思右想，终于想出了一个绝妙的回答。父亲听了后，不由叹服，只得把钱给了儿子。这个绝妙的答案是什么呢？

提示：倒推法

烟鬼的绝招

有个人将3个烟头混合在一起做成一支烟。某日半夜之时。他的烟都抽完了，烟灰缸里有7个烟头。于是他准备和往常一样，把烟头混合在一起做成烟来抽。他还能抽几支呢？

提示：递推法

只能过一人的独木桥

南来的老张担了两担菜去卖，北往的老李背了一袋大米去卖，他们走到桥中央，如何才能够顺利的过桥呢？

提示：脑筋急转弯

樵夫捆柴

樵夫带了4根绳子到山上，共砍了9根柴，如要用4根绳子，各捆上一束奇数的柴枝，要怎么捆呢？

提示：递推法

没有指针的时钟

小孩子把时钟的长针和短针都拿掉了，只知道还在走。那么，就靠这点你能知道大概的时间吗？

提示：常识谜题

奇怪的东西

什么东西生的不能吃，熟的也不能吃，要边烧边吃？

提示：常识谜题

烧香判断时间

有两根不均匀分布的香，每根香烧完的时间是1个小时，你能用什么方法来确定一段45分钟的时间？

提示：分析法

女儿的年龄

一个经理有三个女儿，三个女儿的年龄加起来等于13，三个女儿的年龄

相乘等于经理自己的年龄。有一个下属已知道经理的年龄，但仍不能确定经理三个女儿的年龄，这时经理说只有一个女儿的头发是黑的，然后这个下属就知道了经理三个女儿的年龄。请问三个女儿的年龄分别是多少？

提示：递推法

篮球比赛

在某次篮球比赛中，A组的甲队与乙队正在进行一场关键性比赛。对甲队来说，需要赢乙队6分，才能在小组出线。现在离终场只有6秒钟了，但甲队只赢了2分。要想在6秒钟内再赢乙队4分，显然是不可能的了。这时，如果你是教练，你肯定不会甘心认输，如果允许你有一次叫停机会，你将给场上的队员出个什么主意，才有可能赢乙队6分？

提示：常识谜题

牺牲哪一位

英国一家著名的报纸举办智力竞赛，为下面的难题征求答案：三个名人都对人类立过不朽之功，其中一个在医学上有过重大贡献，一个是著名的化学家，一个是举世瞩目的核物理学家。有一天，三人搭乘同一个气球。突然，气球遇到风暴，要把其中一人推下去，才

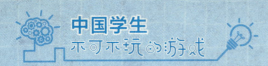

能确保另外两人的安全。这三人中，究竟应该牺牲哪一位？

该报收到了成千上万的应征信，他们都用长篇大论来说明那三个人的丰功伟绩，但评判员都不满意。最后得到头奖的却是一个12岁的小孩。你猜，这个12岁的小孩认为三人中应该牺牲哪一位？

提示：排除法

 候选人

某国王要修建一座宏伟的建筑，打算聘请一位主持设计的建筑师。于是，他召集了全国所有著名的建筑师，叫他们自报条件候选，并推荐第二候选人作为自己的助手。国王耐心地倾听每个建筑师的自我介绍。听完以后，稍微考虑了一下，就轻而易举地决定了人选。你认为，中选的建筑师应该是谁？

提示：分析法

 奇怪的地方

旅行家萨米·琼在周游世界之后，回到他阔别十年的故乡。有一次，他向人们诉说了这十年中他在世界各地的所见所闻。他还向人们提出了个怪问题。在非洲的某地，我看到一个人的身体内有两颗心脏，而且都跳动得很正常。你

说，这有可能吗？

提示：脑筋急转弯

 船沉没之后

某人有过这样一次经历：他乘坐的船驶到海上后就慢慢地沉下去了，但是，船上所有的乘客都很镇静，既没有人去穿救生衣，也没有人跳海逃命，却眼睁睁地看着这条船全部沉没。这里究竟发生了什么事呢？

提示：脑筋急转弯

 双胞胎

有两个孩子，在父母亲的携带下去学校办理新生入学手续。这两个孩子的脸几乎一模一样，出生的年、月、日都相同，而且是同父同母生的。老师问："你们俩是双胞胎吗？""不是"两个孩子异口同声地回答道。老师奇怪了。这是怎么一回事？

提示：脑筋急转弯

 超人

有个男人站在时速250公里的列车顶上，虽然他不是一个会飞墙走壁的超人，但是，他仍然显得从容自如，毫不紧张。这是为什么？

提示：脑筋急转弯

难倒99.9%人的改字问题

先分别写出两个"王"字，然后在每个"王"字上填两笔，形成的两个字读音相同而字不同。在每个"王"字上加两笔形成的这两个同音字分别是什么？

提示：脑筋急转弯

吵架

在美国，有这样的一对夫妻，他们两人年纪相同，都是40岁。婚后，他们每天都要吵架，而且每天只吵架一次。可是，在上个月。他们只吵架15次。这是怎么回事？

提示：脑筋急转弯

两兄弟分蛋糕

兄弟两人要分一块十分均匀的圆形蛋糕，现在只有一把小刀，两个人都不想吃亏，你能不能想个办法，可以让他们尽可能公平地、双方都可以接受地来分这块蛋糕？请尽量描述得详细一点。除了小刀。不可以借用任何工具、仪器和道具。当然，他们的身体都是可以利用的，比如手肯定是可以使用的。

提示：脑筋急转弯

等巴士的先生

某先生到某地，在车站等了很久巴士也没来，于是他便步行。如果搭巴士只要6分钟，而徒步却需要30分钟，在他走到全程的2/3时，看到巴士姗姗来迟，于是他又乘上巴士走。如此一来，和A先生一开始就搭乘巴士比较，哪种方式会先到达目的地？

提示：常识谜题

妙计过桥

有一座桥，步行通过需10分钟，但桥中心有一个机器人看守，不许任何人通过。机器人是要睡觉的，但每次只睡5分钟，如果他醒来发现有人过桥，即使只差一步就到达对岸了，他也要把那个人送回来。有一个聪明的人，顺利地通过了该桥，请问他是如何过去的？

注意：不利用任何交通工具。

提示：脑筋急转弯

不能模仿的动作

一只狐狸专爱模仿别人的动作，模仿得分毫不差，别人右手摸下巴，它就用右手抚下巴，别人闭上左眼，它就闭上左眼。但有一个动作它是模仿不来的，到底是什么动作呢？

提示：脑筋急转弯

黄豆和绿豆

一位农民去买黄豆。刚好有个人在卖黄豆，可是黄豆在袋子底下中间用绳子系着上面又装着绿豆，农民自己也带着一个麻袋，问用什么方法可以将黄豆倒出，并且不弄破袋子，又不使用任何道具！也不交换袋子！

提示：分析法

缺少了的零花钱

两个父亲给两个儿子零花钱，一个父亲给了自己儿子1500元。另一个父亲给了自己儿子1000元。然而，两个儿子在数自己零花钱时，发现两人的钱加起来只增加了1500元。这到底是怎么回事？

提示：脑筋急转弯

猫抓老鼠

如果5只猫在5分钟内能抓5只老鼠，用这样的速度，需要几只猫才能在100分钟内抓100只老鼠？

提示：递推法

教堂的报时钟声

威斯特敏斯特教堂的报时钟声极为悠长。要知道是12点的话，不得不花很长时间数钟的敲击声。如果每一下钟声之间的间隔是5秒，那么要数12下需要多长时间？另外，要知道是6点的话，需要多长时间？

提示：分析法

豹和狮子的赛跑

豹和狮子在平地进行单程100米距离的往返赛跑（共计200米）。豹子跑一步三米，狮子一步两米，他们自始至终都保持这个步幅。但豹子在狮子跑三步的时间内只跑两步。那么到最后到底谁会赢呢？

提示：分析法

乒乓球问题

假设排列着100个乒乓球，由两个人轮流拿球装入口袋，能拿到第100个乒乓球的人为胜利者。条件是：每次拿球者至少要拿1个，但最多不能超过5个，问：如果你是最先拿球的人，你该拿几个？以后怎么拿就能保证你能得到第100个乒乓球？

提示：递推法

想自杀的男人

波涛汹涌的海边耸立着悬崖绝壁，

上面积着皑皑白雪。悬崖上有一串男人纷乱的足迹，到了悬崖边缘足迹消失了。当然人们以为他自杀了。但第二天在附近的村庄有人看见了那个男人。这种事情有可能吗？

提示：脑筋急转弯

不可思议的居民

有一幢带有自动电梯的 10 层楼公寓，住在 10 楼的居民 A 常常一个人外出，但不可思议的是他下楼一定会使用电梯，可上楼却几乎不用。他经常在二楼电梯附近环视一下四周，确认了没有人之后，才开始一个人爬楼梯。A 的奇妙行为究竟意味着什么？

提示：常识谜题

潮水和绳梯

从船上放下了绳梯，现在，水面正处于绳梯从上数第 9 段处。假设潮水以每小时 40 厘米的速度继续上涨。2 小时后，水将淹到绳梯的第几段？绳梯每一段的间隔是 30 厘米。

提示：常识谜题

魔术师

魔术师的桌子正冒出二氧化碳气体，气体来自水中的干冰。当他用魔杖敲打一个正冒烟的金属球，并把它放在一个大小正合适的木盒子中时，奇迹出现了。盒子放在大家都能看见的盘子里，过了一会儿球不见了。你对此怎样做出科学的解释？

（1）这是一个固体金属球。

（2）在盒子的底部有一个小洞。

（3）球的直径是小洞的 30 倍，不能穿过小洞。

（4）盒子是热的。

提示：递推法

牢牢拴住

取一个普通的茶杯，并用一根绳子把它拴到门的把手上。现在你能剪断绳子的两个地方，而不让茶杯掉下来吗？绳子一旦拴到门上，你就不能再动它了，除非用剪刀，并且你必须把绳子的两个地方彻底剪断。在你剪绳子的时候不能用手拿住茶杯。

提示：常识谜题

分糖

老师盒子里有 10 颗糖，正好学生有 10 人。老师说：你们每人要分到一颗糖，同时盒子里还要剩下一颗，请问怎么分？

提示：脑筋急转弯

猎人与黄莺

清晨，有个猎人在森林里看见一只黄莺，他想得到黄莺。黄莺就对猎人说前面的大树后面有5朵花，其中4朵是真花，有一朵是我变的，你能找出我吗？说完黄莺就变成一朵花。你能找出它吗？

提示：常识谜题

 ## 钓鱼

小明、小华、小红三个人钓鱼。钓完后，别人问他们今天钓了多少条鱼？小明说一共22条。小华比我多钓两条，小红比小华多钓3条。你知道他们三人各钓多少条吗？

提示：递推法

 ## 小明的年龄

小明对哥哥说：我长到你现在这么大的年龄时，你就31岁了。哥哥说：是啊，我像你这么大年龄时，你只有1岁呢。

问：小明与他的哥哥现在各几岁？

提示：递推法

 ## 细菌分裂

有一个细菌，1分钟分裂为2个，再过1分钟，又分别分裂为2个，总共分裂为4个。这样，一个细菌分裂成满满一瓶需要1个小时。同样的细菌，如果从2个开始分裂，分裂成一瓶需要几分钟？

提示：递推法

 ## 侦察员

某部队招一名侦察员。考试的方法是：所有人被关在一个房子里，有人看守。你要向看守人说句话，让他放你出去。有人说头疼，看守人叫来医生。有人说母亲生病了。看守人又用电话联系这人的母亲证实没有生病。其他人都说了不少理由，看守人就是不准他们出去。问：你怎么说，才能逃脱出这个房间？

提示：倒推法

 ## 问路

一个岔路口分别通向诚实国和说谎国。来了两个人，已知一个是诚实国的，另一个是说谎国的。诚实国永远说实话，说谎国永远说谎话。现在你要去说谎国，但不知道应该走哪条路，需要问这两个人。请问应该怎么问？

提示：倒推法

翻转硬币

有 23 枚硬币在桌上，10 枚正面朝上。假设别人蒙住你的眼睛，而你的手又摸不出硬币的反正面。让你用最好的方法把这些硬币分成两堆，每堆正面朝上的硬币个数相同。

提示：排除法

金球和铅球

两个空心球，大小及重量相同，但材料不同。一个是金，一个是铅。空心球表面涂有相同颜色的油漆。现在要求在不破坏表面油漆的条件下用简易方法指出哪个是金的，哪个是铅的？

提示：分析法

猜便士

假设在桌上有三个密封的盒，一个盒中有 2 枚银币（1 银币 =10 便士），一个盒中有 2 枚镍币（1 镍币 =5 便士），还有一个盒中有 1 枚银币和 1 枚镍币。这些盒子被标上 10 便士、15 便士和 20 便士，但每个标签都是错误的。允许你从一个盒中拿出 1 枚便士放在盒前，看到这枚便士，你能否说出每个盒内装的东西呢？

提示：假设法

公共汽车站的游戏

游戏开始了，请你快速计算：

一辆载着 16 名乘客的公共汽车驶进车站，这时有 4 人下车，又上来 4 人；在下一站上来 10 人，下去 4 人；在下一站下去 11 人，上来 6 人；在下一站，下去 4 人，只上来 4 人：在下一站又下去 8 人，上来 15 人。

还有，请你接着计算：公共汽车继续往前开，到了下一站下去 6 人，上来 7 人：在下一站下去 5 人，没有人上来：在下一站只下去 1 人，又上来 8 人。好了，记住你的计算结果，回答问题。

这辆公共汽车究竟停了多少站？（不要重新计算哦）

提示：脑筋急转弯

肯尼亚动物园

肯尼亚天然动物园里，经常有不文明的游客向鳄鱼池内投掷物品。管理员想了很多办法，总是无法禁止。后来，有位管理员就在布告牌上写了一句话，才刹住了这种不好的风气。请你想一想：这句话的内容。

提示：脑筋急转弯

中国学生
不可不玩的游戏

聪明的牧羊人

从前有个游牧王国。贪婪的国王到处设关卡，规定牧人赶牛羊马匹经过时，一半牲口得作为征税而被没收，然后再从中还给牧人1头，以示国王之慷慨。有位聪明的牧人，他每次赶牲畜，都必须经过99道关卡，而他的牲畜却1头也未少。你可知道这是为什么吗？

提示：脑筋急转弯

如此好的体力

阿超住在15楼，这天电梯坏了，他一口气走到15楼。为什么他一点也不觉得累。体力如此之好？

提示：脑筋急转弯

善良的小偷

有个小偷，某天见到一座房子的窗户大开，里面一个人也没有，附近也没有人，他却不进去偷东西。为什么？

提示：脑筋急转弯

哪个火车头在前面

在一条单轨上，有2火车头相隔1000米朝同一方向前进，开始时甲火车头在前走，乙火车头跟在后面。后来为什么乙火车头能走在前面，而甲火车

头却跟在后面了呢？

提示：常识谜题

巧妙过桥

一辆重5吨的大货车竟顺利地通过了一座最大负重量为4吨的小桥。这是为什么？

提示：脑筋急转弯

卓别林的头发谁来剪

卓别林来到一个小镇，镇上的朋友告诉他，小镇只有2家理发店，每家只有一个理发师。他先来到第一家，见里面干净整洁，理发师的发型漂亮有型，然后他又去第二家看看，只见里面又乱又脏，理发师的发型乱七八糟，你说他应该光顾哪一家？

提示：排除法

过关不用钱

任何车辆要驶过大关高速公路都必须去收费站先付20元建路费，为什么有一辆小汽车经过该高速公路却不用付一分钱呢？

提示：脑筋急转弯

怎样欺骗妖怪

国王有一个神灯，里面有个妖怪。

国王的女儿爱上了阿拉丁，但是国王不赞成他们结婚。不过国王不想让女儿伤心。有一天，他擦拭着神灯，和妖怪商量办法。国王说他要和女儿一起去拜访阿拉丁，让妖怪出主意考验一下是否值得将女儿嫁给阿拉丁。这时阿拉丁正好经过，听到了国王和妖怪的计划。妖怪说："我提供两个信封给阿拉丁，让他选择自己的命运。我们可以告诉他一个信封里写着'结婚'，另一个信封里写着'终生流放'。阿拉丁必须选择其中的一个，但是我可以确保两个信封里都写着'终生流放'"。

阿拉丁怎样才能解开妖怪和国王的诡计？

提示：倒推法

吹牛冠军和尚

某寺庙里举行一场吹牛比赛，看谁吃的东西大。前来参加比赛的人，被一个个地叫到和尚的房间里，各自胡吹瞎编说自己吃了什么硕大之物。如："我把地球当做一个糯米丸子，裹上豆沙吃掉了。""我把天上的星星扒拢在一起、用锅炒来吃了。"等等。但却没有一个人说得过和尚的。

其中，有一位不愿服输的，想方设法要打败和尚，"我吃了没有比这再大的世界第一大的东西。"心想这样一说

准赢。然而这位满怀信心上阵的男子最后也灰溜溜地退了下来。其实，和尚对谁都只是淡淡地重复着一句话。问：这句话是什么呢？

提示：倒推法

推算那张是什么牌

有人从一手纸牌中选定一张牌，他把这张牌的花色告诉X先生，而把点数告诉了Y先生。两位先生都知道这一手纸牌是：黑桃J、8、4、2；红心A、Q、4；方块A、5；草花K、Q、5、4。X先生和Y先生都很精通逻辑，很善于推理。他们之间有对话如下：

Y先生：我不知道这张牌

X先生：我知道你不知道这张牌

Y先生：现在我知道这张牌了

X先生：现在我也知道了

根据以上对话，你能推测出这是下面哪一张牌？

方块A、红心Q、黑桃4、草花5、方块5。

提示：递推法

滑雪

滑雪度假村里有10处不同的起点和终点。无论你想从哪一个点到其他任何一点都必须买一张单行票。

现在，如果我想从每一个点到所有其他的点，共需买多少张单行票？

提示：分析法

刮出图案的卡片

游乐场里正在举办一项活动——你买的任何一张票上，都有一定数量的正方形可以刮掉。其中一个正方形上写着"失败者"；另外还有两个正方形内画着相同的图案。如果这两个图案比"失败者"先出现，你就有机会赢取奖金了。当然，拿不到奖金的几率是 2：1。请问，卡片上一共有多少个正方形？

提示：分析法

有趣的酒桶

一位酒商有 6 桶葡萄酒和啤酒，容量分别为 30 升、32 升、36 升、38 升、40 升、62 升。

其中五桶装着葡萄酒，一桶装着啤酒。第一位顾客买走了两桶葡萄酒；第二位顾客所买葡萄酒则是第一位顾客的两倍。请问，哪一个桶里装着啤酒？

提示：递推法

郑板桥的智慧

郑板桥是清代著名的文学家。有一天，他路过一座学堂，听到里面传来嘻嘻哈哈的声音，走过去一看，原来是一群调皮的学生不听老师讲课，正在打闹呢。郑板桥生气地说："你们太不像话了，赶快好好读书吧！"有个学生看他穿着布衣草鞋，还以为是个老农民，就傲慢地问："穷光蛋还来教训我们，我问你，你会写诗吗？"郑板桥说："我不光会写诗，还会出谜呢！"他看到学堂旁边是厨房，里面有一样东西，就当场吟了一首咏物诗："嘴尖肚大个不高，放在火上受煎熬。量小不能容万物，二三寸水起波涛。"学生们猜了半天，谁都猜不出来，只好老老实实地读书了。郑板桥咏的什么东西呢？

提示：常识谜题。别忘了，它是厨房里用的。

摩天大楼的麻烦

一位女士住在 36 层高的大楼里，楼内有几部在每一层楼都可以上下的电梯可供使用。每一天早上，这位女士都会在自己所住的那层楼搭乘电梯。但是，无论她乘哪一部电梯，电梯向上的几率都是向下几率的 3 倍。这是为什么？

提示：假设法

山谷

在地球某处的一个山谷里，每到中

午，太阳离山谷的距离都比日出和日落时近 4800 多公里。请问，这个山谷在哪里？

提示：常识谜题

 一桶啤酒

已知一个男子能在 27 天内喝完一桶啤酒，而一个女子则需 54 天。那么，如果他们以各自的速度开始喝，喝完一桶啤酒得用多少天？

提示：递推法

 如何喝到酒

有半瓶酒，瓶口用软木塞塞住，在不敲碎瓶子，不准拔去木塞，不准在塞子上钻孔的情况下，怎样喝到瓶子里的酒？

提示：脑筋急转弯

 去网吧

一个人去网吧，碰上一个同学带着两个朋友，各带着 4 个小孩，小孩各带着 2 个朋友，问：多少人去网吧？

提示：脑筋急转弯

 谁读得对

有这么一段文字："知止而后有定定而后能静静而后能安安而后能虑虑而后能得。"空空每天诵念："知止而后有，定定而后能，安安而后能，虑虑而后能，得。"却怎么也不解其意，尤其是最后那个尾巴"得"字，更是画蛇添足，使他摸不着头脑。

牟尼也觉奇怪，他也是觉得后面那个"得"字绕口，且整个句子即使没有那个"得"也读不通："知止而后有定定，而后能静静，而后能安安，而后能虑虑，而后能得。"牟尼自知滑稽，摸着后脑勺笑了。

聪明的朋友，请你帮他们将这段文字加上标点。

提示：分析法

 解缙化险

明朝永乐皇帝有一次命才子解缙在一把绘有西北风光画的扇子上题诗，解缙就题写了王之焕的《凉州词》：

黄河远上白云间，一片孤城万仞山。羌笛何须怨杨柳，春风不度玉门关。

不料解缙一时疏忽，竟将诗中的"间"字漏写了，有人便暗中启奏皇上，永乐大怒，欲治解缙"欺君之罪"。谁知解缙不慌不忙地说："我这是依王之焕诗意，另外做的一首词。"说罢便在诗中加上标点。永乐一看，果然成了一首完整无缺的词，于是解缙便得以转危为安。

朋友，你知道解缙是如何在缺了一个"间"字的王之涣原诗中加上标点的吗？

提示：分析法

巧用标点

有位书生到亲戚家串门，顷刻间外面就下起雨来，这时天已将晚，他只得打算住下来。但这位亲戚却不乐意，于是就在纸上写了一句话：下雨天留客天留人不留。

书生看了，即刻明白亲戚的意思，却又不好明说，就心想一不做、二不休，干脆加了几个标点：下雨天，留客天，留人不？留！

亲戚一看，这句话的意思完全反了。也就无话可说，只好给书生安排了住宿。

其实，这句话除了书生标点的这一种办法外。还有三种标法，可分别使它变成陈述、疑问、问答三种句式，请你加上标点试一试。

提示：分析法

标点助理解

著名作家赵树理在"文革"期间，曾被扣了一项资产阶级反动作家的帽子。造反派逼他承认，他说："你说我是我就是？"在批斗会上，造反派以为赵树理终于低头认罪，得意地宣布："经我们坚决斗争，顽固的反动作家赵树理终于认罪伏法了。"他误把赵树理的铿锵之语理解为"你说我是我就是"。这时，赵树理的坚贞和幽默使他一把抢过话筒喊道："不对，我这句话用的是问号。"

这两句话，词组结合实际是相同的，由于标点符号不同，表达了两种截然不同的态度。可见标点的作用和功能。有时，增减一个标点也会有助于理解。

有这么一则谜语："一不出头，二不出头，三不出头。不是不出头，是不出头。（猜一字）"很多人看后都难以理解，现请你猜猜，如猜不出，再往下看加了几个标点的再猜："一'不'出头，二'不'出头，三'不'出头。不是不出头，是'不'出头"。

提示：分析法

老父读信

有位背井离乡在外谋职的书生，逢年过节，便遥寄家书向爹娘报平安。这年，他的信是这样写的："父母大人拜上新年好晦气全无人丁兴旺读书少不得五谷丰登"爹娘阅后老泪纵横，直咬牙跺脚不该让儿子孤身在外，以至流落到如此下场。遂匆匆派人去千里之外寻儿归乡。儿子好生奇怪，说："我在信中不是已向父母禀告生活平安、万事如意了吗？怎么老父还不放心？"家丁便把老父的信从怀中掏出展开，书生叹见老父在自己的信上加了几个标点："父亲大人拜上：新年好晦气，全无人丁兴旺。读书少，不得五谷丰登。"

书生读罢，恍然大悟，遂重新卷袖挥毫，在原有信上重又添了标点，让家丁带回。

朋友，你知道书生是怎样添加标点的吗？

提示：分析法

板桥断案

某地有位丧偶老者，续弦后为他又生一子。临终时，老者写下遗嘱，关照家人在他死后才许拆封。待老人死后，其家人打开遗嘱封鉴，可老者所写文字却不具标点符号，因此惹来一场争执。老者前妻所生女儿已出嫁，女儿女婿认为父亲的家产应归他们，照他们的读法是：七十老翁产一子，人曰非是也。家产尽付与女婿，外人不得干预。

后妻自然不服，遂带着幼子状告到县太爷郑板桥那儿。郑板桥在对当事人实情做了调查后，对孤儿寡母甚表同情，遂用朱笔将遗嘱圈点了几下，当众诵读，老者的女儿女婿便再也无话可说。

你知道郑板桥是怎样点的标点吗？

提示：分析法

一幅挽联

在安庆的大观亭旁，有个文人题了一句话，以纪念清朝革命者徐锡麟，他于1907年7月6日在安庆刺杀巡抚恩铭后，被捕遇难。

"登百尺楼大好河山天若有情应识四方思猛士留一怀土以争光明人谁不死独将千古让先生"

起先，人们以为这是一首诗，后来才知道这是一副颇有气势的挽联。请你断句加上标点，领会其意。

提示：分析法

祝枝山写春联

明代书画家祝枝山和唐伯虎、文徵明、周文宾堪称"江南四大才子"。他疾恶如仇，常用笔画戏弄贪官污吏。某年除夕，他应邀为一刘姓赃官题写了两副春联：

明日逢春好不晦气终年倒运少有余财

此地安能居住其人好不悲伤

赃官看后恼羞成怒，即刻扭了祝枝山要问罪。祝枝山抱拳一笑："大人差矣！学生写的全是吉庆之词啊！"于是，祝枝山抑扬顿挫地重又当众念了一遍。赃官和众人听得目瞪口呆，无言对答。好半天，方如梦初醒，再看那祝枝山，早已扬长而去。

你知道祝枝山是如何念的吗？

提示：分析法

饭、汤、菜、碗

一妇女在河边洗碗，共洗了65个碗。有人问妇人家中来了多少客人？妇人道："客人们两个人用一个饭碗，三个人同喝一碗汤，四个人同吃一碗菜。"问：客几人？

提示：分析法

鸡兔同笼

今有雉兔同笼，上有三十五头，下有九十四足。问：雉兔各几何？（雉：野鸡）

提示：假设法

到卡普里岛去旅游

到蓝洞胜景卡普里岛去旅游，不带照相机，一定会觉得很遗憾的。正因为这样，S先生特意买了一架照相机。可是他照相是外行，只好托照相馆，按照中午晴天无云的条件对好了光圈和时间等。不料S先生按这个条件所照的照片，多半是颜色暗淡，好像傍晚时候的景色。这是为什么呢？照相馆是不会弄错的。卡普里岛的天色，也不会是阴云满天。

提示：常识谜题

占卦先生

德黑兰城内有一位占卦先生。有个人想为自己的婚姻、工作、疾病三件事请教他。可是这位占卦者为了骗更多的钱，在门口挂了一块牌子。上写"两问要付2000里亚尔"。可他身上只带了2500里亚尔。于是他问占卦者："很短的一两句话也算一问吗？"占卦者答："当然"。于是他又问："再长的话问一件事也算一问吗？""是的"。于是他苦思冥想，想找到一种有效的提问方法。他能找到怎样的方法？他原来准备的三个问题，到底问了几个？

提示：脑筋急转弯

该要哪一块表

有几个旅游者来到卡哈拉里沙漠，

访问了住在附近的霍屯督人的部落，还带了两块表作为送给他们的礼物。可是不知为什么，也许是天气炎热的关系吧，带来的两块表中，一块一天慢一分钟，另一块干脆不走了。

部落的首长是个很仔细的人，知道了这个情况考虑再三之后说："哪一块表准确地指明时间的时候多，我就要哪一块。"

问：首长该要哪一块表？

提示：分析法

书还剩下多少页

我在莱比锡的一家古书店里买了一本书，共有200页。第3页到第12页总共有10页上有我感兴趣的记事，于是把它拆了下来，剩下的就是190页。可是第56页到75页共20页上也有重要的记事，我又把它拆了下来。这本书还剩下多少页？

提示：递推法

两地旅行

我租了一辆旅游小车，离开阿姆斯特丹，向花城亚里士梅尔出发了。在阿姆斯特丹和亚里士梅尔两城正中间有一K镇，镇上有两个朋友A和B也乘上了我们的车。三人愉快地度过一天的旅行后，准备返回，可是A决定在K镇下车，B随我回阿姆斯特丹。现在仍按荷兰式的均摊方式，准备各付自己的旅程费。从阿姆斯特丹到亚里士梅尔规定往返要付24盾（约合20元人民币）。K镇位于两城的正中间，那么三个人应各付多少钱？

提示：分析法

调换位置

某车站上有如图所示的牵引铁路线。

主干线YZ上有机车L，而牵引支线上有货车车皮A、B。牵引线的最末端在X处相接，由此往后只能过一个车皮，不能通过机车。另外，主干线左右有足够的余地。

现想用机车L，调换A和B的位置，然后机车L返回原处。怎么办才好呢？

提示：演绎法

错误

W 时常疯疯癫癫地弄出很多错误。有人说，这个问题上就有四处错误。问：错误在什么地方呢？

提示：分析法

小狗克莉

在摩洛哥城，有一位具有相当地位的贵夫人特意从美国弄来一条小狗克莉。克莉不亚于名犬拉西，夫人想把它培育成世界第一流的名犬，就把它送到德国哈根贝克"留学"，因为那里有世界著名的动物园。

训练完毕，回到夫人身边的克莉，不知为什么主人的话一句也不听，更不要说什么技巧动作。

可是，从哈根贝克动物园的来信中清楚地写着："只要主人吩咐，动作大体上都能作得出来。"真是怪事，夫人完全陷入迷惑之中，到底为什么呢？

提示：脑筋急转弯

有多少个 9 字

数量概念薄弱的人往往犯意外的错误。1 到 100 的 100 个数字中，共有多少个 9 字呢？最好是先考虑好，然后再写下来作个比较。

提示：常识谜题

应该找多少零钱

进了一家礼品商店，看到一架照相机，这种照相机在日本连皮套共值 3 万日元，可这家商店要 310 美元（要美元，不要泰国铢）。折合日元约为 4 万多日元。照相机的价钱比皮套贵 300 美元，剩下的就是皮套的价钱。请问：现买一副皮套拿出 100 美元，应该找多少零钱？

提示：假设法

环球旅行

有人从日本东京抵达上海，开始环球旅行了。可是，在地球上怎样才算"环球"呢？我很茫然，主要是弄不清"环球旅行"的定义。后来我就假设："只要是跨过地球上所有的经度线和纬度线，就可以算环球旅行。"那么请问，在这样的假设下，环球旅行的最短路程大概是多少公里？不过，解这个题时，为了简化，可以把地球看做是一个正圆球，周长是 4 万公里。

提示：假设法

从 A 城到 B 城去旅行

H 坐火车，从 A 城到 B 城去旅行。

中途在 C 站停下来，他看了一下时刻表，知道起点站与终点站之间，由 B 开向 A 的车是每隔 20 分钟一趟，而由 A 开向 B 的车则是每隔 30 分钟一趟。这条线上没有别的支线，也没有快车或货车通过。这样一来，好像不管有多少车辆，最后都会全部在 A 站上。可实际上并不是这样，你说这是什么原因呢？

提示：分析法

一号是星期几

有人拿望远镜观察远处的房屋，偶尔看见一家墙壁上的挂历，有如图所示的黑字。根据这些字能不能推测出这个月的一号是星期几？

提示：递推法

芭蕾舞演员的影像

当您面向镜子照看时，映出的常常不见得都是您的真实容貌。一人站在两块相对排放着的立镜中间，就会照出一连串很多的影像。假设有一间小屋，屋内上下、左右、前后都铺满了无缝隙的镜子，请问：当有个芭蕾舞演员走进这间小屋时，她能看到什么样的影像呢？

提示：常识谜题

跑马场上

在一个跑马场上，跑道上有 A、B、C 三匹马。A 在一分钟内能跑两圈，B 能跑三圈，C 能跑四圈。现将三匹马并排在起跑线上，准备向同一个方向起跑。请问，经过几分钟，这三匹马又能并排地跑在起跑线上。

提示：递推法

塑料管内的圆球

一段透明的两端开口的软塑料管内有十一只大小相同的圆球，其中有六只是白色的，有五只是黑色的（如下图所示）。整段塑料管的内径是均匀的，只能让一个球勉强通过。如果不先取出白球，又不切断塑料管，那么，你用什么办法才能把黑球取出来？

提示：演绎法

划拳游戏

在印度尼西亚也有划拳游戏。不过他们是用大拇指、食指、小拇指来分别表示人、蚂蚁、大象的（相当于石头、剪刀、布的关系）。当两人伸出相同的手指就算平局，因此经常决定不了胜负。

有一天A对B说："为了一次定局，让我们只伸出'人'和'蚂蚁'吧，如果咱俩同时伸出'人'，就算我胜；如果同时伸出的是'蚂蚁'，就算你胜。我看这样很公平，而且很痛快，一次就定局了。"

如果B同意这样赛法，那么，比赛五次的话，A能胜几次？

提示：分析法

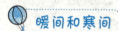
暖间和寒间

如下图所示，有个旅馆，是由三栋房子组成的，每栋房子各有两个互相连通的房间，共六个房间，按室内的温度高低，分为"暖间"和"寒间"；每一间都有自己的入口。如果旅客走进去的是"暖间"的话，那么，与它紧相毗邻的隔壁房间，是"暖间"的可能性大呢，还是"寒间"的可能性大？

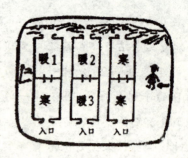

提示：分类法

东印度公司

你知道东印度公司吗？

下面是发生在那里工作的英国人A、法国人B和荷兰人C三人中的一段小故事。他们三人都住在印度某城的一个小巷里。一天，三人商量到哪儿聚会一次。但是，三人的性格不同，意见很难统一。其中A是个爱找麻烦的人，他说晴天或阴天可以聚会，雨天绝对不出去；B是个爱钻牛角尖的人，他说阴天或雨天可以聚会，晴天他不出去；C是个性格爽朗的人，他说雨天或晴天他可以参加，阴天他不喜欢。聚会的日期是明天，这三个人能聚到一起吗？当然明天的天气是无法预测的。不过印度一般不降雪或雨。不管明天是什么天气，晴天也好，阴天或雨天也好，这种天气都将持续一天。

提示：分析法

男男女女

某日，J饭店里来了三对客人：两个男人，两个女人，还有一对夫妇。他（她）们开了三个房间，门口分别挂上了带有标记"男男"、"女女"、"男女"的牌子，以免互相进错房间。但是爱开玩笑的饭店服务员，却把牌子巧妙地调换了位置，弄得房间里的人和牌子全对不上号。

在这种混乱情况下，据说只要敲一个房间的门，听到里边的一声回答，就能全部搞清楚三个房间里的人员情况。请问，要敲的该是挂有什么牌子的房间？

提示：脑筋急转弯

三个数码表示的最大数字

1、2、3是很单纯的数码。问：用这三个数码表示的最大数字该是多少？

提示：分析法

偷越边境

A、B两国正在闹边界纠纷。A国的间谍企图偷越边界进入B国。但因对方戒备森严，未能成功。于是想挖掘地道偷越边界。不过，这个方案似乎行不通，因为挖出的浮土一增加，就一定会被敌人的侦察机发现。那么，先盖一所小房子，把浮土藏在里面行不行呢？似乎也不行，浮土一增加，就需要把它运到小房子外面去，同样会露出破绽。有没有较好的越境办法呢？

提示：分析法

国会竞选

国会议员竞选开始时，H曾为参加或不参加竞选的问题发愁了很久。想来想去拿不定主意，最后他想，还是听命由天吧。于是向两位高明的算命先生A、B请教，他们分别作了回答。

A讲完他的话之后，说："我所说的有60%正确。"B讲完他的话之后，说："我所说的只有30%正确。"

结果，他就依照B的占卦去办了。为什么呢？

提示：倒推法

16 幻方

研究一下下图的2、9、4，7、5、3和6、1、8这三组数字，你会发现它们相加之和都等于15。把它们填入3×3的方阵中，就是所谓"幻方"。这里，每一行、每一列和每一条对角线上三个数字之和都是15。那么，如果想做一个各行、各列、各对角线上三个数

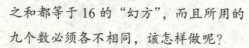

之和都等于 16 的"幻方"，而且所用的九个数必须各不相同，该怎样做呢？

6	7	2
1	5	9
8	3	4

提示：倒推法

姻亲

有 A、B、C、D、E 五个亲戚，其中四个人每人讲了一个真实的情况：

（1）B 是我父亲的兄弟。

（2）E 是我的岳母。

（3）C 是我女婿的兄弟。

（4）A 是我兄弟的妻子。

上面提到的每个人都是这五个人中的一个（例如：当有人说"B 是我父亲的兄弟"，你可以认为"我父亲"以及"我父亲的兄弟"都是 A、B、C、D、E 五人中的一个）。

上述四种情况各出自哪一人之口，这五个人的关系如何？

提示：递推法

玩弹子

请根据甲和乙的对话，回答问题。

甲："我的弹子比你的多。"

乙："我不信，你自己来数数看。"

甲："好吧，你的弹子是比我的多。

但玩弹子我可比你玩得好。我只要赢你三个弹子，我的弹子就会比你的多一倍。"

乙："那你就试试吧。"

甲："好，这是你说的！"

乙："你不是说你玩得比我好吗？可这次我赢了！"

甲："你只赢了两个。"

乙："看吧，我的弹子现在比你多两倍了。"

甲："再来一次。"

乙："好。"

甲："唉，好运气都让你碰上了。"

乙："你现在全输光了，而我有……"

问："乙现在"有多少？

提示：分析法

司机

一天，一位住在纽约城的夫人招呼一辆路过的出租汽车。

在送她到目的地的路上，夫人喋喋不休，闹得司机很厌烦。

司机对她说："对不起，夫人，你说的，我一句也没听到。我的耳朵要完全聋了，而我的助听器这一整天都不好使。"

夫人听他这么一说，就停止嘟囔

了。但当她下车后，她突然明白司机在对她撒谎。她是怎么知道的呢？

提示：倒推法

🎈 电梯

第二次世界大战中德军占领法国期间，有一天，巴黎的一家旅馆里有四个人共乘一部电梯下楼。其中一个是身穿军装的纳粹军官；一个是当地的法国人，是地下组织的秘密成员；第三个是一位漂亮的少女；第四个是一位老妇人。他们相互不认识。

突然电源发生了故障，电梯停住不动了，电灯也熄了，电梯内漆黑一团。这时发出了一声接吻的声音，随后是一掌打在脸上的声音。过了一会，电灯又亮了，纳粹军官的一只眼睛下面出现了一块猩红的伤痕。

老妇人想："真是活该！幸亏如今的年轻姑娘们学会了如何保护自己。"

少女寻思："这个纳粹分子真怪！他没有吻我，想必是吻了这位老妇人或者那位漂亮小伙子，真不知道是怎么回事！"

纳粹军官在想："怎么啦！我什么事情也没做，可能是这个法国男子想吻这位姑娘，她失手打了我。"

只有那个法国人对发生的事情知道

得清清楚楚，你能推测出所发生的事情的真相吗？

提示：倒推法

🎈 丈夫和妻子

一对夫妇邀请了三对夫妇来吃午饭，主人安排大家（包括主人自己和妻子）围绕圆桌就座时，想让男女相间而又不使任何一位丈夫坐在自己妻子旁边。问：这样就座可以有几种方法？假如只注意各人座位的顺序，而不把同样顺序但坐在不同地方的方法计算在内。

提示：分类法

🎈 三人共舟

三位航海爱好者共有一只小艇。他们想做出一种安排，使每个人都可以随时取到小艇使用，而又不被别人偷去。为此，他们用三把锁和一条铁链把小艇锁在岸边。每人只有一把钥匙，但都能用自己的钥匙把锁打开，而用不着等待另外两人带着他们的钥匙前来协助。这个巧妙的安排是怎样做的呢？

提示：分析法

🎈 苹果怎样分法

小咪家里来了五位同学。小咪的爸

爸想用苹果来招待这六位小朋以，可是家里只有五个苹果。怎么办呢？只好把苹果切开了，可是又不能切成碎块，小咪的爸爸希望每个苹果最多切成三块。这就成了又一道题目：给六个孩子平均分配五个苹果，每个苹果都不许切成三块以上。小咪的爸爸是怎样做的呢？

提示：分析法

100 个核桃

有 100 个核桃，要分给 25 个人，要求谁也不许分到偶数个。你能做到吗？

提示：假设法

平方米

小安第一次听说一个平方米含有 100 万个平方毫米的时候，是不肯相信的。

"哪有那么多？"他奇怪了，"我这里有一张印有毫米方格的纸，纸的长宽各 1 米。难道在这么一张纸上，就有 100 万个平方毫米的小方格？说什么我也不相信！"小安下决心把全部小格子都数一遍。他一大早就爬起来数，在每个数过的小格子内整整齐齐地点上一个逗号。点一个格子花了一秒钟。工作进展得很顺利很迅速。

他能在这一天内确定一平方米确实含有 100 万个平方毫米吗？

提示：分析法

遗产

下面是古罗马喜爱谈论法律的人们常常提出的一道古老的题目。

一位寡妇将同她的即将出生的孩子一起分享她丈夫遗留下来的 3500 元遗产。如果生的是儿子，那么，按照罗马的法律，做母亲的应分得儿子份额的一半；如果生的是女儿，做母亲的就应分得女儿份额的两倍。可是发生的事情是，这位母亲生了一对双胞胎——一男一女。

遗产应怎样分配才符合法律要求呢？

提示：分析法

袜子和手套

一个抽屉里有十双白袜子、十双花袜子，另一个抽屉里有十副白手套、十副花手套。现在要从中选出一双同色的袜子和一副同色的手套。

问：如果你闭着眼睛拿，至少需要从每个抽屉里取几只袜子和几只手套才一定可以？

提示：假设法

[答案]

怎么看

答案：他们面对面地站着即可。

站在鸡蛋上的人

答案：那是一个已经碎了的鸡蛋。

挨打

答案：不动的好打。

照片

答案：儿子或女儿。

分馒头

答案：最后一个小朋友把盆一起拿走了。

做什么

答案：做梦。

谁是总统

答案：总统还没有死，当然还当下去。

没有受伤

答案：卡车司机当时没开车。

孔子与孟子的区别

答案：孔子的子在左边，孟子的子在上边。

打麻将

答案：四个人在屋里打一个叫"麻将"的人，警察抓到的是他。

牛的尾巴

答案：朝下。

8的两半

答案：0。

沙滩上的脚印

答案：因为他倒着走。

跨不过去的书

答案：因为书就放在墙角。

拉不开的门

答案：推开门。

两对父子

答案：祖孙 3 人。

买米

答案：1 袋米。

睁一只眼闭一只眼

答案：他在瞄准敌人。

两个洞

答案：要不然怎么穿。

奇妙的关系

答案：母子关系。

小孔

答案：是水。

不能居住的地球

答案：地球仪。

复杂的关系

答案：亲戚关系。

长方体盒子

答案：还有 8 个角，8 条边。

右手不能拿

答案：自己的右手。

睡觉时间长的一天

答案：一年中的最后一天，因为他跨越到第二年。

怎么放手

答案：把裤子前后反着穿。

鸡的数目

答案：仍然仅需 5 只鸡。

不能主持

答案：自己的葬礼。

吃草

答案：能，因为题中并没说牛被拴在木桩上。

变短

答案：拿一根更长的棍子和它一比不就短了吗。

坑里的土

答案：已经挖好，所以没有土。

数的变换

答案：43。

鹿的放法

答案：分四步：第一步，把冰箱门打开；第二步，把大象拿出来；第三步，把长颈鹿放进去；第四步，把冰箱门关上。

小芬的生日

答案：是明天赴约。

特殊的"桥"

答案：郑板桥。

"口"的写法

答案：田、吾。

奇怪的东西

答案：棺材。

放鸡蛋

答案：放两个。

满足

答案：袜子。

小王的算术

答案：她只会从一数到二。

没有舌头

答案：茶壶嘴里。

不喜欢吃的东西

答案：吃亏。

没有伤者

答案：都摔死了。

跳水

答案：因为水池里没有水。

没燃完的蜡烛

答案：被风吹熄了。

不能吃的瓜

答案：傻瓜。

宝宝脱帽

答案：理发师。

老李的胡子

答案：老李是个理发师。

寸步难行

答案：风车。

不能吃的蛋

答案：考试得的零蛋"0"。

打东西

答案：打瞌睡。

火车的位置

答案：在车轨上。

时钟

答案：时钟本来就不会走。

买不到的书

答案：遗书或秘书。

最窄的路

答案：冤家路窄。

不能吃的东西

答案："东西"方向。

没有摔死？

答案：飞机停在地上。

常开的花

答案：塑料花。

最喜欢听的字母

答案：CD。

小明看卷

答案：小明是老师。

锤不破

答案：铁锤当然不会破了。

不同寻常的事

答案：鞋底破了。

第一件事

答案：睁开眼睛。

不转的轮胎

答案：备用胎。

一篇课文

答案：初一到初三，两天学一课，算不错了。

空肚子

答案：一个。因为吃了一个后就不是空肚子了。

接下来的事

答案：迈上另一只脚。

晕倒的毛毛虫爸爸

答案：毛毛虫说："我要买鞋。"

太平洋中间

答案：是平字。

二十八天

答案：每个月都有 28 天。

不死的鹅

答案：企鹅。

万兽大王

答案：动物园园长。

解谜

答案：答案。

死后出现

答案：电影中的人。

最远的声音

答案：打电话的人。

同一天

答案：日报。

用功

答案：她用历史课本当枕头睡。

遮住天空

答案：只要用树叶盖住眼睛。

哭笑不得

答案：口罩。

走独木桥

答案：晕过去了。

逃跑的犯人

答案：逃跑的犯人名字叫"都"。

名字

答案：当然叫小明。

拔腿就跑

答案：跑去捉老鼠。

大象的耳朵

答案：右边耳朵。

不同的时间

答案：两个半小时不就是一个小时。

骗别人，骗自己

答案：骗子。

爬电梯

答案：李先生个子太矮，按不到16楼的电梯按键。

通用的数字

答案：阿拉伯数字。

最大的月亮

答案：登上月球时。

弄虚作假

答案：魔术师。

两面的盒子

答案：有！里面和外面。

鸡蛋不破

答案：左手拿蛋右手扔石头，鸡蛋怎么会破？

字数

答案：四个。

没有草莓

答案：客人送来的只是一幅画。

颜色变换

答案：西瓜。

没吃羊

答案：因为羊圈里没有羊。

一群羊

答案：还是一群羊。

雨天

答案："急什么，前面还不是有雨！"

老板炒的菜

答案："炒鱿鱼"。

既上又下

答案：跷跷板。

从头来

答案：剃头。

下蛋

答案：公鸡不会下蛋。

螃蟹比跑

答案：黑螃蟹。因为红螃蟹是煮熟的。

等级

答案：下象棋。

不湿的东西

答案：影子。

两头小猪

答案：因为长了两个头的小猪实在罕见。

拖地

答案：用力。

大青马

答案："大青马"是一只蛐蛐的昵称。

洗碗

答案：今天在饭馆里吃的饭。

毛毛虫过河

答案：变成蝴蝶飞过去。

流血

答案：蚊子。

绣花针

答案：掉到海底。

伤筋

答案：伤脑筋。

叫好

答案：世界纪录。

头发没湿

答案：因为他是光头。

没飞走的鸟

答案：鸵鸟。

最大的影子

答案：黑夜，地球的影子。

房子倒了

答案：要逃命。

盛产

答案：安哥拉兔身上。

外国字

答案：他写的是阿拉伯数字。

蜈蚣出门

答案：打开门后，发现蜈蚣还坐在门口穿鞋。

游泳比赛

答案：因为当时的比赛规则是只许用狗刨，不许用蛙泳。

鸭蛋

答案：那是考卷上的"大鸭蛋"。

蚂蚁

有只小蚂蚁在说谎。

自找苦吃

答案：药房。

短期犯人

答案：强盗杀人犯被拉出去枪毙了。

越剪越大

答案：洞。

一模一样的答卷

答案：他们都交的白卷。

鱼的生存

答案：陆地上有猫。

哪个贵

答案：稀饭。物以稀为贵。

还剩什么

答案：一个洞。

生日

答案：生日是2月29日。

未碎的鸡蛋

答案：因为鸡蛋被扔到2米多处的

时候还没落地。

不敢走的路

答案：绝路。

胡作非为

答案：理发师。

不好当的官

答案：新郎官。

不用腿走

答案：象棋盘上。

挨批

答案：逃跑。

连环问

答案：哈巴狗；闭上眼睛。

不出城

答案：在下象棋。

最顶

答案：是"一"。

湿淋淋的狗

答案：落水狗。

妈妈不能坐的地方

答案：妈妈的膝盖上。

只有十二个

答案：12生肖。

第二长

答案：小象。

锁怕什么

答案：钥匙。

扫地

答案：她在火车上扫的。

进洞

答案：它想进哪个山洞就进哪个山洞。

姓

答案：姓吴。解：无事生非（吴氏生飞）。

最鲜的汤

答案："鱼"肉汤和"羊"肉汤。

走不了的路

答案：电路。

胡须

答案：玉米。

有趣的东西

答案：名字。

天天打架

答案：拳击手。

有什么不同

答案：多一个人。

狼的死因

答案：枪管长100米。

付钱

答案：吃官司。

暗夜读书

答案：他是盲人，在读盲文。

金鸡独立

答案：因为他在照片里。

一边刷牙，一边唱歌

答案：他刷的是假牙。

火灾

答案：就是消防队失火了。

奇怪的碰撞事件

答案：因为那是辆灵车。

抽烟

答案：是电影里的演员在吸烟。

命令

答案：只准看不准读。

管理员的帽子

答案：管理员在鳄鱼肚子里面，只露帽子。

相同服饰

答案：她自己照镜子了。

先点何物

答案：火柴或者打火机。

读

答案：一秒钟。

不吃草的牛

答案：蜗牛。

比细菌小

答案：细菌的孩子。

第几名

答案：第二名（一般人会答第一名）。

巧妙的移动

答案：8。

撞车了

答案：外科医生是伤员的母亲。

人群

答案：这位女士心脏病发作。这男子是位医生。

手帕的挑战

答案：杰克将手帕放在门的下面，自己站在门另一边的角落里。

谁是凶手

答案：是猫。佛瑞德和京格是两条鱼。猫把鱼缸打碎了。

买啤酒

答案：第一位男子把一张1美圆的钞票放在柜台上，而第二位男子则拿出了3个2角5分的硬币，两个1角的硬币，一个5分的硬币，一共1美元。如果他想要一杯90关分的啤酒，他手中的零钱正好能凑够90美分。

完全失误

答案：守夜者被解雇是因为他在工作时间睡觉。

棉线的难题

答案：最简单的方法就是查看卷轴外面的标签。

窗子

答案：这名破窗而入者是她的丈夫，他们的钥匙锁在屋里了。

吹气球

答案：当一家人外出时，一根水管爆裂了，房间的地板上有2厘米高的水，气球漂浮在水面上了。

有毒的昆虫

答案：可以利用屋里的灯光。她拿

一个玻璃杯子扣在洞口上，然后把一束光透过玻璃杯射进洞里。当虫子从洞里爬出来，爬进玻璃杯里后，就用一张硬纸片把杯口盖住。

扑克游戏

答案： 四个五或四个十都在阳阳手里。在普通的扑克游戏中。五张的顺子必然要包含五或十，不考虑A是大还是小，或者两者都算。

摔碎的钟表

答案： 11+12+1+2=26；10+3+9+4=26；5+6+7+8=26。

设想情景

答案： 这是在图书馆，她是在为自己超期还书付罚款。

铁路工人

答案： 他们正在一座很长的桥上工作，并且路轨旁边没有多余的空间。火车到来时，他们离大桥的一端已经很近了。所以他们可以跑到大桥的一端，然后跳到一边去。

扔出去的球

答案： 把球竖直向空中抛。

奇怪的天气预报

答案： 哈默菲斯特位于北纬700以北，夏天是白夜，冬天是漫长的黑夜。哈默菲斯特的冬天不可能出太阳。

智送文件

答案： 查理先将刹车不灵的车子里的汽油抽出一半，然后驾该车向F镇开去，等汽油耗尽，车子停下时他立即下车，向F镇走去，便可按时完成任务。

切奶酪的方法

答案： 厨师阿亮先在中线横切一刀，再把切开的2块叠在一起切第二刀，切成4块；再把4块叠在一起，最后切一刀，就切成了8块了。

父子的岁数

答案： 44岁。如果注意到这位父亲年龄的一半和儿子年龄相等，就会很容易得出父亲年龄是儿子年龄的两倍这一结论。

魔术大师

答案： 原来，当丽莎被床单盖住之后，她的双脚立即从硬质的长靴中脱出蹲在地下，那双"脚"则由平伸的双手举着。她随着查理的手势上浮下沉，实际上是在站立和下蹲。

冰川考察队

答案：北极海洋中的冰川，是淡水结成的，考察队长弗兰克让大家取来冰块，融化后便得到了淡水。

弟弟比哥哥大

答案："圣玛丽娅"号海轮驶近国际日期变更线时，这对孪生兄弟相继出世。当哥哥出生后2小时，该海轮驶过国际日期变更线。按规定，轮船经过国际日期变更线时，必须改换日期。此日期比现实日期正好少1天。因而造成弟弟比哥哥晚出世，但却大1天的情况。

兔子与胡萝卜

答案：9分钟。一只兔子需要6分钟吃一根胡萝卜，9分钟吃掉一根半胡萝卜。我非常怀疑剩下的半只兔子有能力吃掉任何东西。

海员的影子

答案：这是一种巧合。从非洲南端去欧洲的航海途中，正好要经过南回归线、赤道和北回归线。在这三条线上，每年分别在冬至、春分、秋分、夏至这

四天，阳光正好垂直照射，太阳在人的头顶，所以看不见人的影子。吴峰的爸爸，正好在冬至这一天经过南回归线。春分这一天经过赤道，夏至这一天经过北回归线，所以看不见自己的影子。先后三次，历时正好半年。

模特表演

答案：蓝妈妈算错了。因为时装表演队是循环出场的，蓝雅每次都排在最后一位。所以，实际上一共只有5名模特。

夜晚的琴声

答案：深夜突然出现激昂琴声，打扰了附近居民的睡眠，他们纷纷跑到教堂来抗议，结果发现了窃贼，将他抓住。

握手之谜

答案：报纸铺在两个屋子中间的地面上，将门关上。所以，两人虽然都站在这张报纸上，但谁也不能握对方的手。

斐济岛的商店

答案：这个岛屿正好有日期变更线通过，而该商店就设在此线通过的地

方，并在东西两面各开了一个门面。日期变更线的东西两侧，时间要相差一日，这个商人在东边礼拜天时，就关东门开西门，在西边礼拜天时就关西门开东门。

沟通的语言

答案：能，用日语表达。

恐怖游戏

答案：一般来说，后开枪的人有利。如果以数学概率做严密计算，会发现两个玩家的死亡概率都是 1/2。但从逻辑的角度来看，应该是后开枪的人有利。比方说当两个玩家发现弹匣里只有最后一发子弹时，后发的人可以朝对方先开一枪，然后逃跑。

谁拿了冠军

答案：她跑的是接力赛。

有烙印的骆驼

答案：45 分钟。当然，刚开始很容易会认为是 5×10=50，骆驼的惨叫声将持续 50 分钟。可是，实际上却只有 45 分钟。因为如果在 9 头骆驼身上烙上烙印，剩下的一头，即使没有烙印，也可以和其他骆驼区别开来。因

此，只需在 9 头骆驼身上打上烙印就行了。

播种高手与耕地高手

答案：各分 50 卢比。因为"两人各承担了一半工作"，所以与工作速度无关，各担任了一半的工作。因此，工资对半分合适。

加尔各答的古老吊桥

答案：在只有沙子的小岛上过了 20 天，相当于过了 20 天的断粮生活。最后这一男子身体瘦弱，体重已经轻巧得足以走过吊桥了。

神奇的动物

答案：任何杂交的动物，比如驴骡、马骡等。

树枝的形状

答案：向后退一段距离，头顶的树枝就呈现在你的前方了，你就可以看清楚树枝的形状了。

发财妙计

答案：先到 A 国买 10 美元的东西，用 A 国 100 美元的纸币付钱。找钱时要求找 B 国的美元，这样一来拿

到 B 国的 100 美元返回。紧接着又用这 100 元的 B 国纸币跑到 B 国如法炮制，还是买 10 美元的东西，得到相当于 B 国 90 美元的 A 国百元纸币后，再拿着它又到 A 国去……如此这般，没完没了地买下去。

不小心掉的帽子

答案：12 点 10 分。换一种方法来思考的话，会变得相当简单。这里，河水都是朝着同样的方向，以相同的流速流动的；小船也好，帽子也好受到的影响都是同样的。所以完全不必去考虑河水的流速，只与静止的水面作同样考虑即可。就是说：帽子静止在原地，小船往返 200 米，行驶在静止的水面上，所需时间就如答案为 10 分钟。流动着的水面所发生的事情，按我们常规的思维是在脑海里具体地刻画出河的水流，并在这个水流上复杂地不断兜圈子。其实，这种时候最需要的是调动起抽象思维能力。思考动态物体与动态物体之间的关系时，抽象思维绝对能发挥优势。

红色牌与黑色牌

答案：1000 次中有 1000 次，也就是说，始终是相同的。因为红黑牌各有 26 张，A 里红牌不够 26 张所差的

数正是混在 A 里黑牌的数。这不够的数自然是到另一堆 B 里去了。因此，A 里的黑牌当然就跟 B 里的红牌数目相等啦。

到达小岛的方法

答案：他将绳子一端拴在湖岸的树上，然后拿着绳子另一端绕着湖走，走到一圈之后，绳子正好可以将岛上的树缠住。他再将绳子拴在湖岸的树上，然后抓着绳子到达小岛。

满脸尘土的小孩

答案：一个孩子是双脚着地，他的脸没有沾上尘土。当他看到他的朋友脸上沾了尘土，以为自己也一定弄脏了脸，而他的朋友只看到他的脸是干净的，没有意识到自己也需要洗脸。

猜黑白子的赌博

答案：这道题的解题诀窍在于先选罐、再选棋子这种两个阶段的构造上。这样一来，可以考虑罐中棋子的数目，并进行相应的操作。让一个罐有利于自己；同时让另一罐也绝对有利于自己。将此想法具体实行可找到下列方法：一个罐只装白子，另一个则装黑白数量大致相同的棋子，即"一罐只装一

粒白子，其余的装入另一罐"。这是最有利的办法，这样如选前一罐，绝对是白的：就是挑了后一罐其可能性也各占一半。

神奇的飞行员

答案：可能。他当天去的目的地也许正好位于起飞地点的地球的另一面，所以，返回时可以选择许多相同距离的路线。

花瓣游戏

答案：后摘者只要保证花瓣剩下数量相等的两组（两组之间）以被摘除花瓣的空缺隔开，就一定能赢得这个游戏。比如，先摘者摘一片花瓣，则后摘者摘取另一边的两片花瓣，留下各有5片的两组花瓣。如果先摘者摘取两片花瓣，则后摘者摘取1片花瓣，同样形成那种格局。之后，前者摘除几片，后者就在另一组中摘除同样多的花瓣。通过这种办法，到最后那一步，她肯定能赢得最终胜利。

赛马的名次

答案：这样的结果是可以发生的：

第一次：甲、乙、丙、丁
第二次：乙、丙、丁、甲
第三次：丙、丁、甲、乙

第四次：丁、甲、乙、丙

羊狗过河

答案：先把狗带到对岸，然后返回，把一只小羊带过去，顺便把狗带回原岸，把另一只小羊带到对岸。然后再返回，把狗带过去。

新手司机

答案：从其他三个轮胎上各取下1个螺丝，用3个螺丝去固定刚换下来的轮胎。

要钱的妙招

答案："爸爸不想给我这1000元吧？"儿子如此回答。如猜对了，按事先的约定，将得到这1000元；即使猜错了，那正确答案是"爸爸打算给我1000元"，这样也能得到这1000元。

烟鬼的绝招

答案：3支。用7个烟头中的6个做两支烟：两支烟吸完，有两个烟头，加上剩下的一个还可以再做一支，这样共有3支烟。

只能过一人的独木桥

答案：南来和北往都是往北去的，

可以顺利过桥。

樵夫捆柴

答案： 用 3 根绳子各捆 3 根柴，再用第 4 根绳子把这 3 捆柴捆在一起。

没有指针的时钟

答案： 能。上好闹钟，然后拨动调整闹时的旋钮，当响时，此时闹钟指示的就是现在的时间。

奇怪的东西

答案： 香烟。

烧香判断时间

答案： 先同时点燃一根香的两端和另一根香的一端，等第一根香烧尽的时候再点燃第二根香的另一端，全部烧完后就是 45 分钟。

女儿的年龄

答案： 1+5+7=13，1×5×7=35。

篮球比赛

答案： 让本队的队员往自己篮筐投一个 2 分球，结果打成平局。根据篮球比赛规则，在规定比赛时间内，如果双方打成平局，则可以加赛 5 分钟。这

样，甲队就有可能利用这 5 分钟，来赢取宝贵的 4 分。

牺牲哪一位

答案： 把三个人中体重最重的那个人推出去，以解决问题的主要矛盾。

候选人

答案： 提名最多的第二候选人。

奇怪的地方

答案： 怀孕的妇女。

船沉没之后

答案： 在潜水艇里。

双胞胎

答案： 三胞胎、四胞胎、五胞胎或多胞胎。

超人

答案： 列车停在铁轨上。

难倒 99.9% 人的改字问题

答案： "在" 和 "再"。

老牛吃草

答案： 绳子没有拴在树上。

吵架

答案： 他们在上个月的 16 日结婚。

两兄弟分蛋糕

答案： 哥哥分糕，弟弟先挑。

等巴士的先生

答案： 一样快，因为不管怎样 A 先生都是乘坐巴士走的，就是等在车站乘的也是同一辆巴士。

妙计过桥

答案： 他先走一半，然后转身，向来时的方向走回去，机器人醒了，以为他刚过来，就把他送回去，这样他就过了桥。

不能模仿的动作

答案： 别人闭上眼睛做的动作。

黄豆和绿豆

答案： 将绿豆装进麻袋，再将来的部分装黄豆，最后将绳子解开把黄豆装进袋子里。

缺少了的零花钱

答案： 两个父亲、两个儿子其实他们是祖父、父亲和儿子，他们是 3 个有着血缘关系的人。祖父给了自己的儿子（父亲）1500 元，父亲将其中的 1000 元给了自己的儿子。就这样，两人零花钱加起来只增加了 1500 元。

猫抓老鼠

答案： 5 只。5 只猫在 5 分钟抓 5 只老鼠，再持续 5 分钟的话，抓 10 只。也就是说，10 分钟抓 10 只；20 分钟抓 20 只——5 只猫可以持续进行工作。

教堂的报时钟声

答案： 12 点时需要 55 秒，6 点时需要 30 秒。5×12=60 秒。但钟不会敲第 12 次以上，所以在第 12 下刚响起时就知道是 12 点钟了。从钟响第 1 声到第 12 声的间隔是 11，所以 5×11=55 秒。敲 6 点时，响了 6 声以后不知道是否还会有第 7 声，只有等 5 秒钟过去之后才能判断。所以是 5×6=30 秒。

豹和狮子的赛跑

答案： 狮子。豹和狮子跑的速度是完全一样的。但狮子在 100 米的折回地点时，正好跑了 50 步。但豹到 99 米为止一直很顺利，但下面的一步却超过了折回点，跑到了 102 米的地方，然后再返回，这样一来豹子就来回多跑了 4 米。就这样本次比赛的胜利者是狮子。

乒乓球问题

答案：首先拿 4 个，别人拿 n 个你就拿 6 − n 个。

想自杀的男人

答案：他沿着自己来时的足迹又倒退了回去。

不可思议的居民

答案：A 君是小孩子。一楼的电梯按钮他够不着，但 10 楼用的按钮够得着。他环视一下周围是想看看是否有人可以替他摁按钮。

潮水和绳梯

答案：水面与当初没有改变，还在从上数 9 段处。船是浮在水面上的，无论潮满水涨还是潮落水退，绳梯始终跟船一起浮动。

魔术师

答案：这个球是由凝固的水银制成的，水银融化后，从底端的小洞流进了玻璃容器中。盒子内部仍保持干爽。

牢牢拴住

答案：在你把绳子拴到门把手上之前，先在绳子上打个蝴蝶结。把蝴蝶结剪断后，茶杯仍旧不会掉下来。

分糖

答案：每人分一颗糖，最后一颗连盒子一起给一个人就行了。

猎人与黄莺

答案：在清晨时，过夜的花草上都沾有露水，而黄莺是刚刚变的，所以应该没有露水。

钓鱼

答案：小明 5 条，小华 7 条，小红 10 条。

小明的年龄

答案：小明 11 岁，哥哥 21 岁。

细菌分裂

答案：59 分钟。从一个细菌开始，分裂为 2 个需要 1 分钟；从 2 个开始，简言之，即是可以节约最初的 1 分钟。如果受到 2=1+1 这一固定观念的束缚，那么就会得出需要 1 小时的一半即 30

分钟这一错误结论。在这种时候，我们可以把2看做是1的继续，那么问题就简单了。如果从4个开始分裂，则可把4看做是2的继续。

侦察员

答案：应该说："我要退出。"

问路

答案：问：请问你从哪里来？回答肯定都是指向诚实国的。

翻转硬币

答案：分成10和13两堆，然后翻转10的那堆。

金球和铅球

答案：旋转看速度，金的密度大，质量相同，所以金球的实际体积较小，因为外半径相同，所以金球的内半径较大，所以金球的转动惯量大，在相同的外加力矩之下，金球的角加速度较小，所以转得慢。

猜便士

答案：取出标着15便士的盒中的一个硬币，如果是银的说明这个盒是20便士的，如果是镍的说明这个盒是10便士的，再由每个盒的标签都是错误的可以推出其他两个盒里的东西。

公共汽车站的游戏

答案：8站。

注意力是有选择性的，当人们注意某项活动时，心理活动就指向集中于这一活动，并抑制与这一活动无关的事务。

肯尼亚动物园

答案：这句话是："凡向鳄鱼池内投掷物品者，必须自己捡回！"

聪明的牧羊人

答案：那聪明的牧羊人每次只赶两头牲畜，过一道关卡，被没收（征税）1头，然后又还给他1头，正好相等，结果仍然是两头。

如此好的体力

答案：他本来在17楼的朋友家，现在下2层楼的楼梯当然不会感觉累。

善良的小偷

答案：房子是他的。

哪个火车头在前面

答案：走了一段路后。2火车头都

改变方向，朝反方向行驶，就变成乙火车头在前面，而甲火车头就跟在后面了。

 巧妙过桥

答案：因为该车前后轮的距离比桥要长，前后轮并没有同时压在桥上。

 卓别林的头发谁来剪

答案：镇上既然有 2 个理发师，他们也必然互相给对方理发。第一家理发师的发型好，那证明第 2 家理发师的技艺高超，故答案已经很明显了。

 过关不用钱

答案：因为该小汽车是被一辆大货车载着过去的，只需付大货车的过路费就可以通过。

 怎样欺骗妖怪

答案：阿拉丁选择其中的一个信封后，没有打开而是把它撕成了碎片，然后请国王读一下另一个信封里他没有选择的命运。

 吹牛冠军和尚

答案：和尚对谁都只是一句话："我把你吃掉了。"

跟和尚对阵的人所说的话里都有一个共同的盲点，虽然想到了自己尽可能想到的最大的东西，却忽略了吃了这个东西的自身的存在。这当然比吃掉的东西更大。从这种思维上来看，即使是和尚也没有从实质上脱离这个盲点。虽然有点莫名其妙，但只要就这个话题来比试的话，能先意识到对方话里矛盾的和尚就占优势了。

 推算那张是什么牌

答案：方块 5。

 滑雪

答案：90。你可以从 10 个点中的任意一个点买 9 张票。$9 \times 10=90$。

 刮出图案的卡片

答案：卡片上的正方形的数量其实无关紧要。拿不到奖金的几率总是 2：1

 有趣的酒桶

答案：40 升的桶装着啤酒。第一个顾客买走了一桶 30 升和一桶 36 升，一共是 66 升的葡萄酒。第二个顾客买了 132 升的葡萄酒——32 升、38 升和 62 升的桶。这样，现在就只剩下 40 升的桶原封不动，因此，它肯定是装着啤酒。

 郑板桥的智慧

答案：水壶。

 摩天大楼的麻烦

答案：因为她住在第27层。电梯从第36层下到第28层，一共九层楼；或者从第一层上到第27层，一共是27层。因此上楼与下1楼的比例是3：1。

 山谷

答案：这个山谷位于赤道或者靠近赤道处，原因是地球的自转。

 **一桶啤酒**

答案：如果一个男子27天喝完一桶啤酒，每天就得喝0.037桶。同样，一个女子每天要喝0.0185桶啤酒。两人加起来，一天就能喝0.0555桶啤酒。在这种情况下，他们喝完一桶啤酒要用18.018天。

 如何喝到酒

答案：把塞子推到瓶子里去。

 去网吧

答案：一个人，其他人没说去。

 谁读得对

答案：正确的标点是："知止而后有定，定而后能静，静而后能安，安而后能虑，虑而后能得。"

 解缙化险

答案：黄河远上，白云一片，孤城万仞山。羌笛何须怨，杨柳春风，不度玉门关。

 巧用标点

答案：下雨天，留客，天留，人不留。（陈述句）下雨天，留客天，留人不留？（疑问句）下雨天，留客天。留人？不留！（问答句）

 标点助理解

答案：森。

 老父读信

答案：父母大人拜上：新年好，晦气全无，人丁兴旺，读书少不得，五谷丰登。

 板桥断案

答案：七十老翁产一子，人曰："非"，是也，家产尽付与，女婿外人不得干预。

 一幅挽联

答案：登百尺楼。大好河山，天若有情，应识四方思猛士；留一怀土，以争光明，人谁不死，独将千古让先生。

 祝枝山写春联

答案：明日逢春好，不晦气；终年倒运少，有余财。此地安，能居住，其人好，不悲伤！

 饭汤菜碗

答案：由题意知一个人用 1/12 饭碗、1/3 汤碗、1/4 菜碗，计 1/2+1/3+1/4=13/12（个碗）而 65/（13/12）=60，即有客 60 人。

 鸡兔同笼

答案：如果 35 "头" 全是鸡，那么应有 "足" 70，而实际上有 "足" 94，多 94 − 70=24。一只兔子比一只鸡多两条腿，那么，多出的 24 条腿，相当于来自 12 只兔。这样便知：兔子 12 只，鸡 35 − 12=23 只。

 到卡普里岛去旅游

答案：因为这天正好是日食。

 占卦先生

答案：他想不出什么好办法。开始带来的问题一个也没问，因为他已经向占卦先生问过两次了。

 该要哪一块表

答案：酋长该要的是那块停着不走的表。因为那一块表比一天慢一分钟的表能准确指示时间的次数多。一天慢一分钟的表等 720 天才有可能再一次准确指示时间，而另外一块表虽然不走，却也能一天两次准确地指示时间。

 书还剩下多少页

答案：共剩下 168 页。

题目中明确指出，折下第 3 页到第 12 页后剩下 190 页，那么按这样的编排，折下第 56 ～ 75 页，实际上等于折下第 55 ～ 76 页。即应该包括起、至页的前面和背面页数。

 两地旅行

答案：我付 10.7 盾，A 付 5.3 盾，B 付 8 盾。

 调换位置

答案：先把 A 推到 X 处，再经主

干线把B推进去，至与A挂钩（图中1）。接着L、A、B三个同时开倒车向Z方向推进（图中2）。A脱钩，经Y把B推入X（图中3）。再经Y、Z把B拉出来放在原来A所处的位置上。其次，把Z位置上的A拉出来，经Y放在原来B所处的位置。

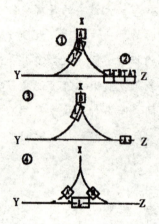

错误

答案： 在这个问题上，"错误"二字出现过三次。也就是说，有三个"错误"。还有一个错误在哪里呢？这一问题本来只有三个"错误"，而硬说成有四处错误，这不也是一个错误吗？

小狗克莉

答案： 这条狗，在哈根贝克是用德语训练的，听不懂夫人的话，是理所当然的。

有多少个9字

答案： 1到100的数字中，共有20个9字。要注意90到99的范围内就有11个9字。

应该找多少零钱

答案： 不仔细考虑，就会中计受骗。假如皮套是10美元，那么照相机比它贵300美元，即310美元。加在一起就成为320美元。正确答案应该是皮套5美元，应找零钱95美元。这样，照相机为305美元，加皮套共310美元，才符合计算。

环球旅行

答案： 2万公里多几米。先稍微偏离地球极点，绕极点转一圈，就算跨过了所有的经度线。然后再从一个极点沿着经度线到另一个极点，这样，就可以跨过所有的纬度线。若把地球看成一个正球体，则北极到南极的距离就是地球周长的二分之一，也就是2万公里。因此，按假设的定义，走2万公里多几米就能达到"环球旅行"的目的。

从A城到B城去旅行

答案： 因为开往A的车是四辆编

组，而开往 B 的车是六辆编组。

 一号是星期几

答案：星期六。

 芭蕾舞演员的影像

答案：什么也看不见。因为各个方向都铺满了镜片，又无缝隙，进不了光线。

 跑马场上

答案：一分钟后。这时 A 跑完两圈，B 跑完三圈，C 跑完四圈，三四马正好再一次在起跑线上处于并排状态。

 塑料管内的圆球

答案：能。如下图所示，把塑料管弯过来，使两端的管口互相对接起来，让四个白球滚过对接处，滚进另一端的管口，然后使塑料管两头分离，恢复原形，就可以把黑球取出来。

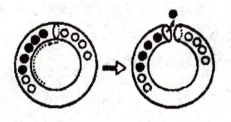

 划拳游戏

答案：B 恐怕五次全都输给 A。乍

一看，A 的建议好像很公平，可实际上只有利于他自己。因为只要 A 伸出的手指，总是表示"人"，就不论 B 伸出的手指，表示"人"还是"蚂蚁"，A 都会胜。因为比赛的规则是"人"强于"蚂蚁"。

 暖间和寒间

答案："暖间"的可能性大，而且比"寒间"的可能性大一倍。原因是：进去是暖间的情况有三种，一种是，旅客从暖 1 进去的；一种是从暖 2 进去的；一种是从暖 3 进去的。在这三种情况下，旅客所处房间的邻室为寒 1、暖 3、暖 2，也就是说，邻室是"暖间"的可能性比"寒间"的可能性大了一倍。

 东印度公司

答案：可以聚会到一起。比如，明天下雨的话，B 和 C 可以到 A 家去聚会。因为 A 没说雨天不聚会，而是雨天他不到外面去聚会。

 男男女女

答案：挂有"男女"牌号的房间。

 三个数码表示的最大数字

答案：3 的 21 次方。

偷越边境

答案: 一面向前挖,一面用挖出的土填埋身后的地道,就可以安全地偷越边界。这样做会不会把气孔堵死呢?这是不必担心的。既然小房子里堆着一部分浮土,那么在地道里就一定有相当于那土堆体积的空隙存在,足以供偷越国境者呼吸。

国会竞选

答案: 因为按B的相反意见去办,其正确率可达70%。B的判断只有30%正确,自然70%就是不正确的了。在两者选一的条件下,违背他说的意见去办,就可以有70%的正确性。而A的判断只有60%是正确的,相比之下,正确率当然要小了。对某种判断,如果从反面去推究,往往会得出意想不到的结果。

16幻方

答案: 如下图所示。如果把一般幻方中的每一个数普遍加1,各行各列、各对角线上三个数之和就将增加3。从这里可以发现采用分数来解答的道理。由于人们往往从整数的范围去考虑,只想到1是数量最小的数,以致忽略了另

外的变量因素所能产生的结果。通过对本题的求解,将帮助读者学到一种有效地进行思维的重要方法。

$6\frac{1}{3}$	$7\frac{1}{3}$	$2\frac{1}{3}$
$1\frac{1}{3}$	$5\frac{1}{3}$	$9\frac{1}{3}$
$8\frac{1}{3}$	$3\frac{1}{3}$	$4\frac{1}{3}$

姻亲

答案:(1)是D讲的。(2)是B讲的。(3)是E讲的。(4)是C讲的。B和C是兄弟俩;A是B的妻子;E是A的母亲;D是C的女儿或儿子。

玩弹子

答案: 乙现在有12个弹子。在开始时,甲有5个,乙有7个。

司机

答案: 夫人在到达目的地时,叫司机停车,而司机马上就停了,说明司机可以听到她的说话声。

电梯

答案: 那位法国地下组织的成员吻了他自己的手,然后狠狠打了纳粹军官一记耳光。

丈夫和妻子

答案：让丈夫们坐好，把他们的妻子安排在他们每人的身边，这种坐法共有6种（而不是24种，因为我们考虑的只是位置的顺序）。接下来，让每个丈夫留在自己原位，把第一位夫人换到第二位的座位上，把第二位夫人换到第三位的座位上，依次类推。最后把第四位夫人换到第一位的座位上。这样坐法符合题意要求，即丈夫不坐在自己夫人旁边。这种坐法也有6种，其中每种都可使夫人继续向前移一个座位，这就又得到6种可行的方案。但现在想使夫人们调换座位就不可能了，否则的话，夫人们就该同他们的丈夫坐在一起了，只不过换了一个方向而已。

因此，各种可能的就座方案共有6+6=12种。

三人共舟

答案：将三把锁一个套一个地锁在一起。三人中任何一人都可用他的钥匙把锁打开或重新锁上。

苹果怎样分法

答案：苹果是这样分的：把3个苹果各切成两半，把这6个半边苹果分给每人1块。另2个苹果每个切成3等份，这6个1/3苹果也分给每人1块。于是，每个孩子都得到了一个半边苹果和一个1/3苹果，6个孩子都平均分配到了苹果。

100个核桃

答案：许多人马上就着手寻找各种可能的组合方案，但他们的努力是徒劳的。其实，只要略为思考一下，就会明白这种探求是毫无益处的。因为这个题是不可解的。

假如100这个数可以分成25个奇数的话，那么就仿佛说奇数个奇数的和，等于100即等于偶数了，而这显然是不可能的。

事实上，我们这里共有12对奇数，另外还有一个奇数。每一对奇数的和是偶数——12对偶数相加，它的和也是偶数，再加上一个奇数不可能是偶数，因此，100个核桃分给25个人，每个人都不许分到偶数是不可能的。

平方米

答案：小安在那一天里无论如何也无法作出肯定或否定的结论。即使他一昼夜24小时不停地数下去，也只能数出86400个小格子，因为24小时一共

只有 86400 秒。看来他得连续数上 12 个昼夜，如果每天数 8 小时的话，得数上整整一个月，才能数完 100 万个平方毫米的小方格。

 遗产

答案： 那位寡妇应分得 1000 元，儿子分得 2000 元，女儿 500 元。这样，法律就完全得到实现了，因为寡妇所得的恰是儿子的一半，又是女儿的两倍。

 **袜子和手套**

答案： 只要取出三只袜子就行，因为其中至少有两只是同一颜色的。

手套的取法要略为麻烦一些，因为手套不但有颜色问题，还有左右的问题。至少要取出 21 只手套。

高手进阶

思维训练指数：☆☆☆☆

SIWEIYOUXI
GAOSHOUJINJIE

　　本部分为思维游戏的中级发展阶段，其中的游戏将教会你不拘一格地朝着多种方向去探寻各种不同的方法、途径和答案，利用人人都懂，人人都明白的生活知识，进行合理的想象与创新，突破游戏的关键点，将问题迎刃而解。通过这些经典、有趣的思维测试游戏，将使你的各种思维能力得到极大的提高。一次挑战成功，就是一次激荡脑力、触发创意的思维过程。如果你能独立完成这些游戏谜题，那么你将成为世界上最聪明的人之一。

中国学生
不可不玩的游戏

 贺卡商店

在一家贺卡商店里，只购买贺卡的人数是只购买包装纸的人数的5倍，购买贺卡和蝴蝶结但没有买包装纸的人数比只买蝴蝶结的人数多1个，购买蝴蝶结和包装纸但没有买贺卡的人数是三样东西全买的人数的2倍，12人没买贺卡，18人没买包装纸，15人只买了贺卡，4人三样全买了，30人没买蝴蝶结。

问题：

①多少人只买了一样东西？

②多少人只买了其中两样东西？

③多少人只买了包装纸？

④总共有多少名顾客？

⑤多少人买了蝴蝶结和包装纸但没买贺卡？

提示：递推法

 卖报的小贩

这是一个有关报纸的题目。一个卖报的小贩卖了70份《回声报》，60份《月球报》，50份《广告人报》。有14名顾客买了《回声报》和《月球报》，12名顾客买了《月球报》和《广告人报》，13名顾客买了《回声报》和《广告人报》，3名顾客三份报纸全买了。

多少名顾客到这个报摊买过报纸？

提示：分析法

 适量的油

一个人，她只有3个上面没有刻度，容量分别为10毫升、7毫升、3毫升的瓶子。已知，容量10毫升的瓶子里装满着油，7毫升和3毫升的瓶子是空的。

请问，她要怎样才能从10毫升的瓶子里倒出一半的油到7毫升的瓶子里？

提示：递推法

 衬衫的颜色

在一次马赛上，头五道马匹以4，1，3，2，5顺序编排，赛马师的衬衫编号与彩虹色彩有关。4号马的骑师穿绿衬衫，1号马为红色，3号马为黄色，2号马为橙色。请问，5号马的骑师应该穿紫色。白色，蓝色还是其他颜色？

提示：分析法

 磨牙的女孩

容华、富桂、谨依、郁时4个好朋友一起参加美西七日游。第一天晚上4人同房就寝。半夜时，郁时突然惊醒，原来有人在睡梦中磨牙。她被吵得睡不着，就这样失眠到天亮。隔天，经过郁时明察暗访的结果，发现：

①容华和谨依要么都有磨牙，要么都没有磨牙。

②容华和富桂两人不会都有磨牙。

③如果谨依没有磨牙，则容华有磨牙。

请问，到底哪个女孩子有磨牙？

提示：递推法

珠宝抢劫案

大艾尔和小乔刚刚抢劫了一家珠宝店，但是警察就在他们身后不远的地方。他们在逃跑时经过一片废弃的砾石场，小乔曾经在这里工作过。他们停了下来，把装着珠宝的袋子扔进了砾石场，并记住了袋子落下的地点。为了确保袋子藏得更安全，他们还在袋子落下的地方撒了一层干沙。20秒钟后，他们再回来找的时候却看不到袋子了，干沙已经和下面的湿沙混合在一起了。在他们跑出两公里后，警察逮捕了他们，但不久之后因为缺少证据又把他们释放了。现在已知如下条件：

①他们中的任何人都没有告诉过警察到哪里去找珠宝。

②没有动物、鸟或人偷走了珠宝。

③珠宝已经不在原先的地方了。

④大艾尔晚上没有拿走珠宝，也没有怀疑小乔会拿走珠宝。小乔也没有怀疑大艾尔会拿走珠宝。

⑤他们记住了藏珠宝的确切地点。

⑥他们做了一个警示标志，所以它从上面根本看不出来。

请问，当时的情况是怎么样的？

提示：分析法

不规则形状的玻璃瓶

有一个不规则形状的玻璃瓶，里面装着强酸。在瓶子上只有两个刻度线，一个较高的是10升，另一个较低的是5升。目前瓶子中强酸的刻度低于10升，但高于5升。请问有什么简便的方法可以精确的从瓶中倒出5升强酸（强酸极易挥发，故不能被倒出瓶外）？

提示：分析法

郊游的饭团钱

小明、小红、亮亮、雯雯四人结伴去郊游。到了中午，各自打开便当一看，都带了同样的饭团：小明带了7个，小红带了5个，亮亮带了4个，雯雯一个也没带。于是将饭团集中起来，大家平分共享。吃完后，雯雯拿出了160元的饭团钱，怎样将这钱合理地分给带了饭团的人呢？

提示：排除法

 无刻度天平称盐

有一台天平秤，没有刻度，但两边盘子里放进相同重量的物品时，能保持平衡。这里有140千克的盐，一块重7千克的砝码和一块重2千克的砝码：用这个天平秤，称三次，把盐分成两份，一份90千克，一份50千克。怎样分？

提示：分类法

 快速煎牛排

"妈妈，什么时候吃饭啊？我饿了。"

妈妈说今天晚上要做牛排，小松早早地就馋得流口水了。

"当然，嘿嘿。"

小松得意地开着玩笑说。

"那么妈妈做饭的时候你来做一道有趣的题吧？"

妈妈一边从冰箱里拿东西一边问小松："看，那边煤气炉上有两个炉头是吧？用两个煎锅煎3块牛排要花多长时间？一个煎锅上只能煎1块牛排。"

"妈妈，煎一块牛排要多少时间？"

"煎一面要5分钟，两面都煎要花10分钟。"

"那……"

小松想了一会，觉得问题很简单，于是大声回答说："先煎两块用十分钟，再煎剩下的一块用10分钟，加起来是20分钟。"

妈妈摇着头说："但是我只用15分钟就可以把3块都煎好了。"

妈妈到底用什么方法煎牛排呢？

（线索：牛排一定要两面都煎，但不是要在一个煎锅上连续煎两面。）

提示：假设法

 打开高老头的保险柜

"谁也打不开这个保险柜。"吝啬鬼高老头新买了一个保险柜，他一边关门一边想道。正在这时，杂工鲍勃进来了。"大叔，圣诞快乐！""你这个呆头呆脑的东西，圣诞节就会有饭吗？就会有钱吗？别废话，快去打扫卫生。"鲍勃一边哼着赞美诗，一边勤快地打扫卫生。"真奇怪，为什么那个家伙如此穷困还那么愉快？"就在当天晚上，高老头做了一个梦，梦中出现了一个幽灵。幽灵对高老头生动地呈现了他的过去、现在和未来。在梦中，高老头看到自己就像恶魔一样。"啊！"高老头一下子惊醒了，出了一身冷汗。"从现在开始，我要重新做人。先打开保险柜帮助穷人。"就在高老头要打开保险柜门的时候，却突然想不起密码了。"保险柜的密码是什么呢？应该是只有0和1的三位数字……"高老头把这个情况告诉了鲍勃，鲍勃要试多少遍才能打开呢？

（线索：只有0和1的三位数字有几个呢？）

提示：分析法

租房子

有一家人决定搬进城里，于是去城里找房子。全家三口人，夫妻两人和一个5岁的孩子。他们跑了一天，直到傍晚，才好不容易看到一张公寓出租的广告。他们赶紧跑去，房子出乎意料得好。于是，就前去敲门询问。这时，温和的房东出来，对这三位客人从上到下地打量了一番。丈夫鼓起勇气问道："这房屋出租吗？"

房东遗憾地说："啊，实在对不起，我们公寓不租有孩子的住户。"

丈夫和妻子听了，一时不知如何是好，于是，他们默默地走开了。那5岁的孩子，把事情的经过从头至尾都看在眼里。那可爱的心灵在想：真的就没办法了？他那红叶般的小手，又去敲房东的大门。这时，丈夫和妻子已走出5米来远，都回头望着。门开了，房东又出来了。这孩子精神抖擞地说了一番话。

房东听了之后，高声笑了起来，决定把房子租给他们住。

问：这位5岁的小孩子说了什么话，终于说服了房东？

提示：假设法

瑞普的游戏

古代丹麦有一种滚球游戏，据说现代的保龄球就是从它演变而来的。这种游戏玩的时候，将13根木柱在地上站成一行，然后用一只球猛击其中一根木柱或相邻的两根木柱。由于击球者距离木柱极近，玩这种游戏无需什么特殊技巧，即可随心所欲地击倒任一木柱或相邻的两根木柱。比赛者轮流击球，谁击倒最后一根木柱，谁就是赢家。

同瑞普·凡·温克尔进行比赛的是一位身体矮小的山神，他刚刚击倒了第二号木柱。瑞普应该在22种可能性中作出抉择：要么击倒12棍木柱中的一根，要么把球向10个空当中的任一个投去，以使一次同时击倒两根相邻的木柱。为了赢得这一局，瑞普应该怎么做才好？假定比赛双方都能随便击倒其中一根或相邻的一对木柱，而且双方都是足智多谋的游戏老手。

提示：分析法

找出假金币

美国的一个小城市里,保安官正在被假金币的问题困扰。虽然假金币比真的轻,但凭肉眼分辨不出来。

"保安官先生,今天我又发现了一枚假金币。"

"是吗?快拿来看看。"

部下把手伸进口袋,接着脸上现出惊讶的表情。

"哎呀,我把假币和自己的真币弄混了,怎么办呢?用眼睛看也分不出来……"

"有几个金……有9个呢。"

部下数了一下回答说。

"只能拿到天平上去称了……"

听保安官一说,部下马上跑去把天平拿来,"一共有9个,一次称2个,称4次就可以了。嘿嘿!"

"你可真笨啊。难怪连个假币都保存不好。"

"嗯?难道还有什么别的办法吗?"

"当然,我只称2次就可以找出假币。"

保安官用什么方法称两次就能找出假币呢?

提示:分类法

 鬼哭山庄

"轰隆隆,咣!"

上课的时候,外面忽然狂风大作,电闪雷鸣,下起了暴雨。

"老师。我们害怕!"

孩子们吓得都捂起了耳朵。

"孩子们,老师给你们讲一个可怕的故事怎么样?"

平时,即使孩子们困了老师也不给他们讲故事,可是今天不知怎么回事,老师主动提出要讲故事。孩子们一起答道:"老师,讲吧!"

"传说在深山里有一个鬼哭山庄,那里没有人住,可是每天一到晚上,不知是什么人就会点上10支蜡烛。有一天晚上,就像今天一样狂风大作,吹灭了3支蜡烛。如果没有蜡烛再被吹灭的话,到最后还剩几枝蜡烛?"

"哎呀,老师,这不是什么可怕的故事,是数学问题嘛。"

"如果解出了这道题,就给你们讲一个真正可怕的故事。那么,谁知道答案?"

"我!我!"

孩子们争先恐后地举起手。

要说出什么样的答案才有机会听真正可怕的故事呢?

提示：分析法

 朱莉婶婶的预言

西方中世纪的时候，曾经有一场叫做"清除魔女"的运动。否定基督教信仰的耶稣，或是信仰其他的神，就会被认定为魔女而处以火刑。在那个时代，有一个具有神奇能力的朱莉婶婶，她可以通过一个巨大的水晶球看到未来。

"为什么还不下雨啊？"

村里的人怕庄稼干死，来找朱莉婶婶，她就会安慰他们说："4天以后就会下雨了，别担心。"

当然，4天以后肯定会下雨。

"朱莉真厉害啊！比神父要强多了，朱莉是我们村子的宝贝！"这个消息慢慢传开了，最后传到了皇帝那里。

皇帝听说村民们不信神父而信朱莉婶婶，马上把朱莉婶婶抓了起来。

"你一定是魔女！竟敢让我纯真的人民远离上帝。"皇帝把朱莉婶婶判定为魔女，然后冷笑着说："你预言一下我将用什么方法将你处死，如果你的预言是正确的，我就把你送上火刑场，如果你的预言错了，我就送你去断头台！"

朱莉婶婶微笑着回答了这个问题。国王一听，顿时愣住了，因为他不能处

死朱莉婶婶了。

朱莉婶婶的预言到底是什么呢？

提示：递推法

 还我零用钱

小光一家人昨天在大伯家给爷爷做祭祀，所以很晚才回家。早上一起床，小光就去找妈妈。"妈妈，你看见昨天大伯给我的零用钱了吗？我昨天在车上迷迷糊糊地打了个盹，肯定是那时掉在车上了……"

"那我怎么会知道？你自己的东西应该自己收好嘛。"妈妈一副很不在意的口气，看来她是想装作不知道。

"妈妈，您就还给我吧，放学回来我想去买张游戏碟。"

"不能随便就给你，是吧？"

"那，我替你干活吧？我出去的时候帮你倒垃圾。"

"嗯，还没到倒垃圾的时间呢。啊！有办法了！"

妈妈"啪"地打了一个响指，点了点头说："我把零用钱还给你还是不还给你？你答对了我就把零用钱还给你。"

"啊？"小光感到实在太意外，一时不知说什么好。但是一想到游戏碟子，就又来了精神。"肯定会有什么好办法……"

到底小光怎样回答才能要回零用钱呢？

提示：递推法

 奇怪的自行车比赛

"哇，今天我赢了！"小丽大声欢呼着走进了大门，而小光却垂头丧气地跟在后面。

"妈妈，小丽是个女孩吗？"小光气鼓鼓地问。

"你们今天又比赛自行车了！"妈妈生气地说。

"亲爱的，你看这些孩子多让人担心啊。整天赛自行车，又骑得那么快……"

爸爸想了一会，然后向妈妈眨了眨了眼，说："来，让我们比赛一次自行车，不过这次我给输的那辆车零用钱，明白了吗？"小光和小丽互相商量了一下然后推着自行车出去了，爸爸和妈妈也出来做裁判。

"骑到学校再回来，出发！"爸爸大声发出了出发的信号。

可这是怎么回事？两个人比平时骑得还要快。

"亲爱的，孩子们为什么这样啊？"妈妈担心地看着爸爸。爸爸望着远去的自行车，突然想起了什么，猛地拍了一

下大腿。爸爸想到了什么呢？

提示：假设法

 巫婆的错觉

"哈哈哈哈！终于可以毁灭人类世界了！"巫婆咧嘴大笑。她认为自己花了十年时间的苦心研究终于有了成果。

"我应该把这个消息禀报魔王。"巫婆飞快地奔向魔王住的洞窟。

"魔王陛下，我将把人类全部消灭。"

"哦！巫婆你有什么好办法吗？"

巫婆从衣服里小心翼翼地拿出一个葫芦瓶。

"这里面装着什么？"

"神奇的药！用这个可以狠狠地教训人类。"巫婆自信地回答魔王的问题。

"魔王陛下，不管什么东西粘上这个药马上就会融化掉。所以，消灭人类只是一个时间问题了，哈哈哈哈！"

正在这时，传来了魔王雷鸣一样的声音："来人哪，马上把巫婆关到监狱里去！"魔王大发雷霆。

魔王的士兵马上冲上来要把巫婆带走。

"不要啊，魔王陛下！我什么地方做错了……"

"你犯了欺骗本大王的罪，还不知

罪吗?"

巫婆的药明显是无效的。可是魔王为什么试都没试就知道那药是无效的呢?

提示:分析法

突然失聪的奥利佛

坏蛋布鲁托看上了奥利佛,想娶她为妻,可奥利佛不喜欢布鲁托,急于逃跑。但是这次奥利佛还是被布鲁托抓住了。

"波佩,救命啊!"奥利佛挣扎着大叫。

大力水手波佩一口气吃下一罐菠菜,箭一样冲过去,把布鲁托痛打了一顿。遍体鳞伤的布鲁托咬牙切齿地说:"波佩,因为你这家伙我才得不到奥利佛……我一定要给你点颜色瞧瞧!"

"对了!把菠菜全除掉的话,波佩就使不出劲了。哈哈哈哈!"布鲁托一边自言自语,一边得意地笑起来。

几天后,波佩正在家里看电视休息时,门铃响了。

"叮咚!"

波佩刚走到门前,外面传来了巨大的爆炸声。他赶紧打开门一看,奥利佛全身落满了灰烬,站在那里瑟瑟发抖,院子右边装满菠菜罐头的仓库消失得无影无踪。

"奥利佛,发生什么事了?又是布鲁托干的吗?"

奥利佛受到巨大声音的刺激,似乎听不见声音了。波佩于是拿来一张纸,写上问题递给奥利佛,可是奥利佛看了问题之后并没有写答案。奥利佛的手没有受伤,她为什么不把答案写出来呢?

提示:分析法

猴子和孔雀各有几只

老师带着小丽这个班的孩子们到动物园去玩。

"喂,看那边的猴子!"

小丽扔了一把爆玉米花到笼子里,猴子马上抓起塞到嘴里嚼起来。猴子吃完后,又跑到小丽跟前做出还想要的表情,小丽刚想给,猴子突然伸手把小丽手中的纸袋抢走了,还差点伤到她的手。

"小丽,别靠太近了!"老师担心地说。小丽被猴子吓坏了,于是离开了猴山,和小光一起来看孔雀。

"呀,你看孔雀开屏的样子多漂亮啊,是不是跟我很像?"

"哎哟,小丽,别臭美了。"站在一边的小光听见小丽的话笑着说。看完孔雀,两个人一起去看大象,在路上,小光问小丽："小丽，你知道刚才我们看过的猴子和孔雀有多少只吗？"

"不知道。"

"那我给你一点提示，猴子和孔雀的眼睛加起来有60只，腿加起来有100条。"

小丽觉得奇怪了：小光什么时候把这些东西数得这么清楚。

"如果我数到十你还答不出来的话，以后我就叫你'孔雀'。"

小丽的脑子马上忙乱起来。

"一、二、三……"

猴子和孔雀各有多少只呢？

提示：递推法

谁是无辜的人

A，B，C三个人因涉嫌一件谋杀案被传讯。这三个人中，一人是凶手，一人是帮凶，还有一个是无辜的人。下面是他们的口供记录，其中每句话都是三人中的某个人所说：A不是帮凶，B不是凶手，C不是无辜者。

上面每句话的所指都不是说话者自身，而是指另外两个人中的某一个。上面三句话中至少有一句话是无辜者说的，只有无辜者才说真话。

问：A，B，C三人中，谁是无辜的人？

提示：分析法

平分蜂蜜

小明和小华买了10斤蜂蜜，装在一个大瓶子里。要把蜂蜜平分，只有两个空瓶子，一个正好装7斤，另一个正好装3斤。怎样才能用最简单的方法把蜂蜜分出来？

提示：递推法

猎人与熊

三个猎人带着一只黑熊和两只棕熊过河。船很小，每次只能载两个人，或两只熊，或一个人及一只熊过河。三个猎人都会划船，黑熊是猎人训练过的，也会划船。但熊的数量一旦超过人的数量，熊就会吃人。请问，怎样可以安全过河？

提示：分析法

三筐水果

有三筐水果，一筐装的全是苹果，第二筐装的全是橘子，第三筐是橘子与苹果混在一起。筐上的标签都是骗人的（如果标签写的是橘子，那么可以肯定筐里不会只有橘子，可能还有苹果），你的任务是拿出其中一筐，从里面只拿一只水果，然后正确写出三筐水果的标签。

提示：排除法

最少几架飞机飞一圈

假若一架飞机内的燃油只能让其绕地球飞行半圈，同时飞机在空中又可以互相加油，那么请问：为了使一架飞机绕地球飞行一圈最少需出动几架飞机？要求：同一架飞机不得重复使用，且所有飞机必须安全返回机场。

问题补充：飞机应该无法停留在某处等待！

提示：分类法

小明一家过桥

小明一家过一座桥，过桥时是黑夜，所以必须有灯。小明过桥要1秒，小明的弟弟要3秒，小明的爸爸要6秒，小明的妈妈要8秒，小明的爷爷要12秒。每次此桥最多可过两人，而过桥的速度依过桥最慢者而定，而且灯在点燃后30秒就会熄灭。问小明一家如何过桥？

提示：分析法

喝矿泉水

1元钱一瓶矿泉水，喝完后两个空瓶换一瓶矿泉水，问：你有20元钱，最多可以喝到几瓶矿泉水？

提示：递推法

帽子的颜色

你和其他4人（共5人）都是很聪明的人。从总计5顶白帽、2顶红帽、2顶黑帽中，每人被随机戴上1顶。每人都能看到其他4人帽子的颜色，但不能看到自己的。从同一时间开始，所有人都被要求从看到的其他人帽子的颜色来推断他自己的帽子的颜色。你看到其他4人帽子的颜色都是白的，并且一时大家都沉默无言。于是你就猜出了你自己的帽子的颜色（也许，你比其他4人更聪明一点）。

请问你猜的是什么？

提示：假设法

硬币游戏

16个硬币，A和B轮流拿走一些，每次拿走的个数只能是1，2，4中的一个数。谁最后拿硬币谁输。问：A或B有无策略保证自己赢？

提示：递推法

纽约特工

250名特工正在进行各种技能训练。70%的特工练习徒手搏斗，这其中的20％同时也在进行人质谈判的训练，并且他们比所有在场的警官多4倍。

问题：

①有多少名特工在进行徒手搏斗的训练？

②有多少名特工在进行徒手搏斗训练，但没有进行人质谈判训练？

③在场的警官有多少？

提示：分析法

 六个兄弟

一家中有六个兄弟，他们的排行从上到下分别是老大，老二，老三，老四，老五，老六，每个人都和与他年龄最近的人关系不好。例如，老三与老二和老四关系不好。他们围着一个圆形的桌子吃饭，他们一定不与和自己关系不好的人相邻而坐。现在又出了点事情，老三和老五因为一点小事吵了起来，这回排座位就更难了。你能帮助他们排一下座位吗？

提示：排除法

 漂亮的挂衣板

有一块挂衣板上有六个小孔，同在一个平面上，从左至右1～6编号。五个衣钩——一个黄的，一个绿的，一个红的，一个白的，一个蓝的需嵌入挂衣板的小孔内，一个衣钩嵌入一个孔内，任何一种安排都留下一个剩余的孔。衣钩必须按以下条件嵌入孔内：

①绿衣钩必须离红衣钩近离蓝衣钩远；

②黄衣钩必须嵌入紧挨在蓝衣钩左边的孔内；

③白衣钩不能与蓝衣钩毗邻；

④红衣钩不能嵌入1号孔内。

[问题]

1.下列各组从左至右的衣钩安排除了一组之外，均符合以上条件，请指出不符合条件的那一组：

（1）绿衣钩、红衣钩、白衣钩、余孔、黄衣钩、蓝衣钩；

（2）绿衣钩、红衣钩、余孔、黄衣钩、蓝衣钩、白衣钩；

（3）绿衣钩、白衣钩、红衣钩、黄衣钩、蓝衣钩、余孔；

（4）白衣钩、余孔、黄衣钩、蓝衣钩、红衣钩、绿衣钩；

（5）余孔、绿衣钩、白衣钩、红衣钩、黄衣钩、蓝衣钩。

2.如果绿衣钩必须嵌入紧邻黄衣钩左边的孔内，那么下列哪种从左至右的安排是符合条件的？

（1）红衣钩、绿衣钩、黄衣钩、蓝

衣钩、余孔、白衣钩；

（2）白衣钩、红衣钩、余孔、绿衣钩、黄衣钩、蓝衣钩；

（3）余孔、红衣钩、绿衣钩、黄衣钩、蓝衣钩、白衣钩；

（4）余孔、白衣钩、红衣钩、绿衣钩、黄衣钩、蓝衣钩；

（5）余孔、红衣钩、白衣钩、绿衣钩、黄衣钩、蓝衣钩。

3.如果改变已知条件，使红衣钩嵌入1号孔内。如果只有一种可能，这种可能是：

（1）绿衣钩、白衣钩、黄衣钩、蓝衣钩；

（2）绿衣钩、黄衣钩、蓝衣钩、白衣钩；

（3）绿衣钩、蓝衣钩、黄衣钩、白衣钩；

（4）白衣钩、黄衣钩、蓝衣钩、绿衣钩；

（5）白衣钩、绿衣钩、黄衣钩、蓝衣钩。

提示：分析法

比较高矮胖瘦

已知：①巴里比卡尔文矮；②约翰比玛丽重；③保罗比山姆轻；④山姆比伊恩高；⑤阿里比玛丽高。

[问题]

1.如果伊恩比阿里高，那么

（1）山姆比玛丽矮；（2）山姆比玛丽高；（3）山姆比保罗矮；（4）山姆比保罗高；（5）约翰比山姆高。

2.如果玛丽和山姆一样重，那么下列哪一组判断是错误的？

（1）约翰130磅，玛丽125磅；（2）山姆130磅，阿里120磅；（3）保罗130磅，约翰125磅；（4）卡尔文130磅，巴里130磅；（5）伊恩130磅，巴里130磅。

3.下列哪一种条件可以保证巴里与山姆同样高？

（1）玛丽和卡尔文一样高；（2）伊恩和阿里一样高，玛丽和卡尔文一样高；（3）伊恩、阿里、卡尔文和玛丽几乎一样高；（4）玛丽身高5英尺4英寸，卡尔文身高5英尺4英寸，伊恩身高也是5英尺4英寸；（5）以上没有一条是对的。

4.下列哪一条推论是对的？

（1）玛丽至少不比其中三人矮或轻；（2）山姆至少比其中一人高和重；（3）如果再加入一个人——哈里，他比阿里高，比巴里矮，那么卡尔文比玛丽高；（4）如果附加人员佐伊比伊恩高。那么她也比山姆高；（5）以上均为错。

提示：递推法

 售票员变侦探

一名警察和他的妻子到科罗拉多州的一个滑雪胜地去度假。警察的妻子被发现摔死在了悬崖下面。在度假胜地工作的售票员与当地警方取得了联系，这名丈夫以谋杀罪被逮捕。售票员怎么知道这是一起故意杀人案？

提示：

①售票员从来没有见过警察和他的妻子。

②如果没有售票员提供的信息，当地警方就不能逮捕这名警察。

③雪橇留下的轨迹显示不出这是一起故意杀人案。

④她是摔死的。

⑤她是个滑雪好手。

提示：分析法

 旋涡与女士的面纱

[问题]

1.大家都看过江河或沟渠里水的流动，不知你注意过没有，河中心水的流速最快，靠近岸边水的流速就越慢，而且还有许多旋涡，请你解释为什么会发生这种现象并说明旋涡方向。

2.在冬天，有些女士喜欢戴面纱，说是面纱可保温，不带它脸就觉得冷。可是有的男士说面纱极薄，而且纱孔也相当大，不可能保温，女士的说法是一种心理感觉或托词。你认为谁说的对？为什么？

提示：常识谜题

 蓄水池的秘密

一蓄水池有两个出水口用来放水，一个口在池的底部，另一个则连在靠近池顶部的位置，但出水口和先前那个在相同的水平面上。不考虑诸如摩擦等复杂因素，你知道哪个出水口水流的速度快一些呢？

提示：常识谜题

 菊花的游戏

这是个二人游戏；如果你找不到对手，就去想一种必胜的策略。一开始

13 只蜜蜂都在靠近花心的地方。每人每次把一到两只蜜蜂移到花瓣外侧。谁抓到最后一只蜜蜂就获胜。如果你的对手先来，你能想出一种策略使你每次都能获胜吗？

提示：假设法

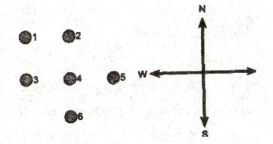

提示：分析法

🎈 豪宅里的谋杀

罗密欧与朱丽叶幸福地生活在一所豪宅里。他们既不参加社交活动，也没有与人结怨。有一天，一个女仆歇斯底里地跑来告诉管家，说他们倒在卧室的地板上死了。管家迅速与女仆来到卧室，发现正如女仆所描述的那样，两具尸体一动不动地躺在地板上。

房间里没有任何暴力的迹象，尸体上也没有留下任何印记。凶手似乎也不是破门而入的，因为除了地板上有一些破碎的玻璃外，没有其他迹象可以证明这一点。管家排除了自杀的可能；中毒也是不可能的，因为晚餐是他亲自准备、亲自伺候的。在检查尸体的时候，管家没有发现死因，但注意到地毯湿了。

他们到底是怎么死的？谁杀了他们？

提示：分析法

🎈 迷失的城镇

已知在下图中，有 A，B，C，D，E，F 六个城镇，但图中未作标明。现在，如果 D 在 B 的西南方、E 的南方；C 在 A 的东北方、F 的东方，E 在 F 的东南方、B 的西方，那么，这六个城镇的具体位置应该是怎么样的？

①哪一个城镇在圆点 2 处？

②哪一个城镇在最南边？

③哪一个城镇在 E 的西北方？

④哪一个城镇在圆点 3 处？

⑤哪一个城镇在最东边？

⑥哪一个城镇在 B 的正南方？

 无限大体育馆

如果可以的话，请想象一下，在一个体育馆有无限多的座位，而且这种地方总是可以容纳无限多的观众。如果有一个新观众来到时，经理只需将观众从1号座位移到2号座位，或者从2号座位移到3号座位，依次类推，即每一个先到的观众总是坐在后来者所坐的大一个号数的位置上，而1号座位则永远等着新观众。

有一天，发生了一个特别的情况：比赛刚要开始时，突然有一辆汽车载着无限多的观众来到体育馆，而他们都希望能在最短的时间内坐下观看比赛。

经理该怎么处理这种情况呢？

提示：倒推法

 选择职业

卡特、巴特勒、乔治和坎特四位先生，身份分别是货车司机、管家、农场主和猎人。但姓名无法表明他们的身份。为了说明各自的身份，他们说了四句话：

①卡特先生是一个猎人。

②乔治先生是一个货车司机。

③巴特勒先生不是一个猎人。

④坎特先生不是一个管家。

如果根据这些话判断，那巴特勒先生一定就是管家了，但这其实是不正确的，因为上述四句话中，有三句话是谎言。那么，到底谁才是农场主？

提示：递推法

 打赌

比尔对吉姆说："我们来赌上十局吧，一局赌一次。每一局的赌注都是你钱包里的钱的一半。我知道你钱包里现在只有8块钱，那我们第一局就只赌4块钱好了。如果你赢了，我给你4块钱；但如果我赢了，你就得给我4块钱。这样的话，到了第二局，你就可能有了12块钱或者只剩下4块钱，所以我们就可以赌6块钱或者2块钱了。其他局也依次类推。"

他们前后共玩了10局。比尔赢了四局，输了六局，但吉姆却惊奇地发现自己的口袋里只剩下5.70元，也就是说，他多赢了两局，却反倒输了2.30元。怎么会这样呢？

提示：分析法

 射击范围

普里森上校、艾姆少校和法尔将军三位军人正在进行射击训练。训练结束后，他们各自宣布了自己的成绩。

普里森上校："我得了180分，比少校少了40分，但比将军多20分。"

艾姆少校："我的得分不算最低：我的得分与将军的差距是60分；将军得了240分。"

法尔将军："我的得分比上校少——上校得了200分；而少校比上校多60分。"

其实，每位军人在宣布成绩时都发生了一处错误。那他们的分数各是多少？

提示：递推法

活泼的狗

卡特和他的狗斯波特一起住在澳大利亚某偏僻农场里。每个星期，卡特都要带上斯波特出去散步几次。这天早上，卡特以4公里/小时的速度走到离农场10公里远的地方，然后又顺原路走回农场。归途中，他放开了斯波特，让它带路。斯波特立即以9公里/小时的速度向农场里跑，抵达后，便折回跑向卡特，此时卡特的速度仍保持不变。碰到卡特后，斯波特又以同等速度再次跑回农场，就这样来来回回，一直到卡特走回农场。开门让斯波特进去为止。在这期间，卡特和斯波特都分别保持着4公里/小时和9公里/小时的速度。

那么，斯波特在被放开后一共跑了多长的路？

提示：递推法

外星人的手指

某房间里聚集着一群外星人。现在，已知每一个外星人的每一只手上，都有不止一个手指；所有外星人都各有和其他人一样多的手指；每个外星人的每一只手上的手指数量都各不相同。如果你已经知道房间里的外星人的手指总数，你就会知道外星人一共有几个了。

假设这个房间里的外星人的手指总数为200～300只，请问，房间里共有几个外星人？

提示：假设法

想数字

阿纳斯塔西娅正在想着一个介于99和999之间的数字。这时，贝琳达问她，该数字是否低于500，阿纳斯塔西娅回答说"是"；贝琳达又问，该数字是否是一个平方数，得到的回答也是"是"；当被问到该数是否为一个立方数时，阿纳斯塔西娅还是回答说"是"。然而，她所回答的这三个结果中，只有两个是正确的。好在阿纳斯塔西娅后来

又诚实地告诉贝琳达说，该数字的首位数和末位数是5、7或9。你知道这个数字是多少吗？

提示：排除法

天下第一长联

云南昆明滇池大观楼的长联堪称"古今天下第一联"。为清朝孙髯翁所做，共一百八十个字。请你给它断句，并加标点，便可领略滇池风貌了：

五百里滇池奔来眼底披襟岸帻喜茫茫空阔无边看东骧神骏西翥灵仪北走蜿蜒南翔缟素高人韵士何妨选胜登临趁蟹屿螺洲梳裹就风鬟雾鬓更苹天苇地点缀些翠羽丹霞莫辜负四围香稻万顷晴沙九夏芙蓉三春杨柳

数千年往事注到心头把酒凌虚叹滚滚英雄谁在想汉习楼船唐标铁柱宋挥玉斧元跨革囊伟烈丰功费尽移山心力尽珠帘画栋卷不及暮雨朝云便断碣残碑都付于苍烟落照只赢得几杵疏钟半江渔火两行秋雁一枕清霜

提示：分析法

请解一道数学题

标点符号是书面语里用来表明停顿、标明语气或标出词语性质作用的符号。我们在写作中就要根据所要表达的

意义和具体的语言环境，恰当地选用合适的标点。

同样，正确使用标点符号对解数学题也有很大帮助，下面一道古代数学题，没有标点，你能正确标出标点，然后计算出来吗：

三角几何共计九角三角三角几何几何

提示：分析法

传教士和野蛮人

三名传教士和三个野蛮人同在一个小河渡口，渡口上只有一条可容2人的小船。问题的目标是要用这条小船把这6个人全部渡到对岸去，条件是在渡河的过程中，河两岸随时都保持传教士人数不少于野蛮人的人数，否则野蛮人会把处于少数的传教士吃掉。这6个人怎样才能安全渡过去？

提示：分析法

渡河问题

有一位农民提着一条鱼，领着一条狗和一只猫来到河边，想把这些都带过河去。河边恰好有一只小船，但它小得实在可怜，只能乘一个人，另外可以带一条狗，或者带一只猫，或者带一条鱼。并且如果人不在身边，狗就会咬

猫，猫就会吃鱼。可幸的是这条狗并不吃鱼。这位农民将怎样巧妙地安排这次渡河？

提示：分析法

 奖赏问题

印度国王舍罕打算重赏国际象棋的发明者——宰相达依尔。他说："我的宰相。您实在太聪明了。你发明了这样趣味无穷的象棋，真可以使我摆脱一切烦恼，在愉快中度过一生了。"宰相达依尔笑着，并没有回话。国王舍罕又说道："我是天下最富有的人。我相信，不管您有什么样的要求，我都会满足您的。"

达依尔想了一下说："陛下，为了不辜负您的美意，我要一点点东西吧。请您在棋盘的第一个方格里赐给我一粒麦子，在第二个方格里赐给我两粒麦子，以后每个新方格的麦子数都是前一方格里的一倍，一直到第六十四个棋格。"国王舍罕说："好，就给您麦子吧。但是您要知道，您的要求对我来说，简直算不了什么。去吧，我的侍从会送给您一袋麦子的。"

可是过了几天，国王并没有拿出麦子赏赐达依尔。这是为什么呢？因为国王要赏赐的麦子太多了，他根本拿不出。

问：你知道麦粒的数目有多大吗？

提示：分析法

 盈亏问题

我国的一部古书《唐阙史》里记载了这么一件事。

唐代有位尚书叫杨损，有学问，会算学，任人唯贤。

一次，朝廷要在两个小官吏中提拔一个做大官，因为这两个人情况不相上下，所以负责提升工作的官吏感到很为难，便去请示杨损。

杨损略加考虑后，便说："一个官员应该具备的一大技能就是会速算，让我出题考考他们。谁算得快，就提升谁。"两个小官吏被招来后，杨损出了一题："有人在林中散步，无意中听到几个强盗在商讨如何分赃。他们说，如果每人分6匹布，则余5匹；每人分7匹布，则少8匹。试问共有几个强盗？几匹布？"

听过题目后，一个小吏很快就算出了答案，13个强盗，83匹布。

他被提升了。那个没有得到提升的小吏也很服气。

请问：你知道他是怎样算的吗？

提示：分析法

一百和尚一百馒头

100个和尚吃100个馒头，大和尚1人吃4个，小和尚4人吃1个。问：大、小和尚各多少人？

提示：分析法

大小灯球

"鸡兔同笼"的算题和算法，在中国古代的民间广为流传，甚至被誉为"了不起的妙算"。以至清代小说家李汝珍，把它写到自己的小说《镜花缘》中。

《镜花缘》写了一个才女米兰芬计算灯球的故事：有一次米兰芬到了一个阔人家里，主人请她观赏楼下大厅里五彩缤纷、高低错落、宛若群星的大小灯球。主人告诉她："楼下的灯分两种：一种是灯下一个大球，下缀两个小球；另一种是灯下一个大球，下缀四个小球。楼下大灯球共360个，小灯球1200个。"

主人请她算一算两种灯各有多少。

提示：分析法

伙食经理的难题

"在一切方面走运的伦敦法官公寓的伙食经理"是朝圣者中的一员，他是罕见的灵巧聪慧之辈。

朝圣者们在一个村落停驻的时候，发生了这样一件事，磨坊主与织匠坐下来吃点东西，磨坊主有五个大圆面包，而织匠有三个，伙食经理请求与他们分享点心。饱食之后，他拿出八枚钱币，微笑着说："请你们双方解决怎样公平分配这点膳费，这是考考你们思维能力的一道难题。"

活跃的争辩吸引了几乎所有朝圣者。管家与差役主张，磨坊主应得五个钱，织匠得三个钱；愚钝的农夫提出荒谬的建议，磨坊主得七个钱，而织匠只得一个钱；粗木匠、牧师与厨师则认为，两人应平均分摊。他们都极力排斥别人的意见，最后，大家决定还是去问伙食经理，要他自己拿出办法来。

那么，他是怎样主张的呢？

当然，刚才三人分食的是同样多的面包。

提示：递推法

乔叟的难题

与朝圣者同行的乔叟本人，是数学家与沉思者，他惯于默不作声前进，忙于思考自己的问题。乔叟向朝圣者们提出了一个地理问题。

"1372年时，"他说，"我曾以我们

国家爱德华三世陛下的使者的身份前往意大利，拜访了弗.彼特拉克，著名诗人亲自陪我游逛一座山的顶峰。他提示我，在山顶上杯子里盛的液体比在山谷底杯子里盛的液体要少，我大为惊讶。请你们告诉我，为什么在山上可能有那样奇异的性质？"

精通地理和物理的人可以正确回答这个问题。

提示：常识谜题

牧师的难题

牧师和他们一起动身去教区。他慈善、贫穷、困苦。信念与事业是他的财富。他聪明深思、学识丰富，在世俗的斗争中饱尝艰苦。"他忠于圣职，以身作则。当有病或痛苦的人们召唤他的时候。"纵使暴风雨、冰雹及任何恶劣天气肆虐，他也在遥远的教区、贫乏的农庄徒步行走正是有关那教区的访问与巡行构成了牧师的难题。他指着自己教区某部分的地图，那里流过一条不大的河，再往南经几百里入海。本书引用了这幅地图的复制品。

"我亲爱的同伴们，"牧师说，"一个奇妙的难题，请认真听。河的分岔处形成一个岛，岛上有我本人简陋的小屋。在图的一边可以看到教区的教堂。

再看全图，在我的教区的河上分布着八座桥梁，我想沿着往教堂的路上访问一些自己的教民，在完成这次访问时只经过每座桥一次。你们当中有人能找到我从家里前往教堂的这条路线而不越出教区的边界吗？不，不，我的朋友们，我不坐船过河，不游泳也不涉水而过，我不像田鼠在地下挖隧道，也不能像鸟飞过河。"

存在某种办法，使得牧师可以完成自己奇妙的巡游，读者能够找出来吗？骤然看来这是不可能的，但是在题目的条件下留有一个破绽，从那里可以找到解法的关键。

提示：演绎法

自耕农的难题

朝圣的行列中有一位农夫，这位发家致富者勤劳坚强，他一辈子用大车往自己的田里拖粪；他不怕严寒酷暑，既俭朴又虔诚。这个朴实的汉子，为给同路人提问题而发窘，要知道，难题对于他那简单的智力是不胜任的，但由于大家坚持，他就讲了一个平常与他聪明的邻人讨论过的题目。

"苏塞克斯这个地方，我到过那里，有一块土地上长着16棵美丽的橡树，它们形成12行，每行四棵树，如图示。有一次某个学识渊博的人旅行到那里，他说，这16棵树可以形成15行，每行四棵树。"你们说说，应当怎样栽种？

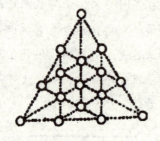

提示：演绎法

女修道院院长的难题

女修道院院长，名叫艾格兰丁（玫瑰女士）。我们的难题与她的衣饰有关，她挂着一枚金光灿烂的胸饰，上面刻着戴王冠的大A字，当轮到她提出难题时，她指着这个饰物向大家说："一个满腹经纶之士昔日从诺曼底赠予我这个绝妙的无价之宝，说些关于它的奇怪、神秘事情，它和正方形有怎样的密切关系，这些对我是太微妙而难以捉摸了。但仁慈的切尔茨修道院神父一次告诉

我，这个十字形可以巧妙地分为四部分，然后拼成一个正方形，但是，真诚地起誓，我不知如何做到这一点。"

据记载，同伴们不能解出这道难题。你知道吗？

提示：分析法

织匠的难题

当织匠铺开绣着精美的狮子与城堡图案的正方形织物时，朝圣者们拥挤着，互相询问，这图案代表什么？骑士富有纹章学经验，比大家更快地从狮子与城堡的图案中看出，这是卡斯吉里与列翁国王斐迪南三世的甲骨饰物，其女儿是英国国王爱德华一世的王后。这些论断无疑是正确的。

织匠提出的难题如下："请大家瞧一瞧吧，"他说，"你们说说，应当怎样将织物剪开为4个部分，具有相同的尺寸与轮廓，使得这4个部分织物各有一只狮子与一座城堡图案在上面。"

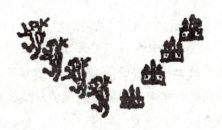

提示：分析法

 七位朋友

某人有七位朋友。第一位朋友每天晚上都去他家看他，第二位朋友每隔一个晚上到他家去，第三位朋友每隔两个晚上去他家串门，第四位朋友每隔三个晚上去他家做客。依此类推，直到第七位朋友每隔六个晚上在他家出现。

这七位朋友会时常在同一个晚上在主人家中碰面吗？

提示：分析法

 修道尼的难题

"我确信，你们中间没有一个人能办到。"修道尼在提出下面的难题前，先打开了话匣子，"你们不知道，很多修士修女常常在与他们的圣职不那么相称的博弈中打发时光，他们巧妙地不让院长看见，把纸牌或象棋藏在自己单人僧房搁板上的厚厚的大开本书中，把书的内部切开。后来修士们为此受到严厉的责备，他们那样干值得吗？我指出一

个小小的游戏难题，我们自己经常玩，当然是在我们慈蔼的修女院长离院外出的时候。"

随后，修道尼摆出18张牌，如图所示，上面有字。她解释说，难题在于要将这些牌凑成一副，然后依次从这些牌底面开始抽牌：把第一张牌放到桌面，把第二张牌压到这叠牌的最上面，第三张牌又放到桌面，第四张照旧压到这叠牌的最上面……直到所有的牌都放到桌面上为止。结果（按先后顺序）应得到词组CanterburyPilgrims（英文：坎特伯雷朝圣者）。请注意，每张后继的牌不能直接按原来已摆好的牌来取，这是很容易的，只要把词组摆好，再依相反的操作顺序把牌叠起来就行了。

现在读者应当设法找出一种方案，既不按这种方法相反操作，也不利用现成叠好的牌。

| C | A | N | T | E | R | B | U | R | Y |
| P | I | L | G | R | I | M | S |

提示：递推法

 粗木匠的难题

粗木匠拿来一根雕刻着花纹的小木柱说："有一次，一位住在伦敦的学者，拿给我一根3英尺长，宽和厚均为1英

尺的木料，希望我将它砍削、雕刻成木柱，如你们现在看到的样子。学者答应补偿我在做活时砍去的木材。我先将这块方木称一称，它恰好重30磅，而要做成的这根柱子只重20磅。因此，我从方木上砍掉了1立方英尺的木材，即原来的1/3。但学者拒不承认，他说，不能按重量来计算砍去的体积，因为据说方木的中间部分要重些，也可能相反。请问，我在这种情况下怎样向好挑剔的学者证明，究竟砍掉了多少木材？"

乍一看，这个问题很困难，但答案却如此简单，以致粗木匠的办法人人皆知。这种小聪明在日常生活中也是很有用的。

提示：常识谜题

 饰壁匠的难题

现在由饰壁匠来提出问题。他拿出一块华贵的葛布兰式毯，你们从图上可看到其形状。

"老爷们，"他说，"这块花毯，以169个小正方形组成。请你们想办法，怎样将它分为三部分，以便重新拼合成一块完整的正方形。也许这很容易，可以用各种办法做到。但我希望，你们在将这块花毯分成三部分时，要使其中的两部分所含的小方格的总数尽可能

地多。"

当然，饰壁匠指的是，应当沿小正方形的直线来剪开。此外，由于材料两面的性质不同，因此不能把某块翻到反面去；还有图案的倒顺、间隔，都应照原样准确配合。

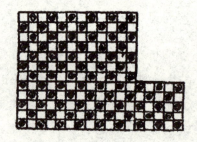

提示：分析法

 泰巴的难题

也许，任何一个难题也没有像这道题那样激起这么多的欢乐，这是泰巴旅店老板哈利·裴莱提出的。他一路上陪着一伙朝圣者，有一次他把同伴一齐叫来，说："我的可敬的老爷们，现在轮到我来稍微启迪你们的心智。我给你们讲一个难题，它会使你们大伤脑筋。但毕竟，我想你们最后会发现，它很简单。请看，这儿放着一桶绝妙的伦敦白啤酒。我手里拿着两个大盅，一个能盛五品脱，另一个能盛三品脱。请你们说说看，我怎样斟酒，使得每盅都恰有一品脱？"

回答这个问题，不许使用任何别的容器或设备，也不许在盅子上作记号。

提示：分析法

 牛津学者的难题

随身带着20卷亚里士多德的书籍的牛津学者，向自己的同伴提出难题时，他说："不知什么缘故，我一直在思索用奇妙的咒符来防备瘟疫和其他凶祸的问题，这种极端玄妙的物件与幻方有关。但我昨夜发明的小小难题，对大家不会有太大的困难。不过，这道题不需要太大的耐心。"

接着，学者拿出一个正方形，如下图所示。他要人们沿图上的直线裁开，分成四块，然后重新加以拼合，再一次得到正确的幻方，其每行、每列及两条对角线上的和数都等于34。

1	15	5	12
8	10	4	9
11	6	16	2
14	3	13	7

提示：演绎法

 巴茨商人妇的难题

当同伴们请这位眉清目秀、面庞绯红的巴茨商人妇赏脸时，她说自己不惯

于疑题一类的东西，但她的第四个丈夫极好此道。她正好想起了他的一道难题，那也许是她的朝圣旅伴不知道的。这道题目是：

有一次她坐在房间里缝衣裳，当她的儿子走进来时，听到一声命令："退出去，我的儿子，不要妨碍我！"

他答道："我的确是你的儿子，但你不是我的母亲，直到你向我解释清楚这是怎么回事以前，我不挪动位置。"

这道难题使所有的同伴长时间陷入沉思。

提示：脑筋急转弯

 磨坊主的难题

磨坊主是个"粗壮结实，筋骨强健，饶舌不休"的汉子。轮到他出题时，他向旁边的同伴们指着图中一字排开的九袋小麦。

"请仔细听着，"他说，"我出个关于这些麦袋的题目给你们。现在的摆法是两边各一袋，然后各两袋，中间有三袋。如果我们以左边第一只麦袋上的数字7，乘以邻近的两只麦袋上的28，得196，正好等于中间三袋上的数。但是右边的5乘以34并不得196。我的问题是：请你们重新摆布这九只麦袋，使得最边上的麦袋上的数字，乘以相邻的

两只麦袋上的数，都等于中间三袋上的数。"

磨坊主请大家尽量少移动麦袋子，以得到答案，所以，只有一种解法。

提示：分类法

 前额上系的是什么牌

A、B、C、D、E五人，每个人的前额上都系着一块白色或黑色的圆牌。每个人都能看到系在别人前额上的牌，但唯独看不见自己额上的那一块圆牌。如果某个人系的圆牌是白色的，他所讲的话就是真实的；如果系的圆牌是黑色的，他所讲的话就是假的。他们讲的话如下：

A说："我看见三块白牌和一块黑牌。"

B说："我看见四块黑牌。"

C说："我看见一块白牌和三块黑牌。"

E说："我看见四块白牌。"

根据以上的情况，推出D的前额上系的是什么牌。

提示：递推法

 不同部落间的通婚

故事讲的是许多年前欠完美岛上的一件婚事。一个普卡部落人（总讲真话的）同一个沃汰沃巴部落人（从不讲真话的）结婚。婚后，他们生了一个儿子。这个孩子长大后当然具有西利撒拉部落的性格（真话、假话或假话、真话交替着讲）。

这个婚姻是那么美满，以致夫妻双方在许多年中都受到了对方性格的影响。讲这个故事的时候，普卡部落的人已习惯于每讲三句真话就讲一句假话，而沃汰沃巴部落的人，则已习惯于每讲三句假话就要讲一句真话。

这一对家长同他们的儿子每人都有个部落号，号码各不相同。他们的名字分别叫塞西尔、伊夫琳、西德尼（这些名字在这个岛上男女通用）。

三个人各说了四句话，但这是不记名的谈话，还有待我们来推断各组话是由谁讲的（我们想，前普卡当然是讲一句假话、三句真话，而前沃汰沃巴则是讲一句真话、三句假话）。

他们讲的话如下：A：①塞西尔的号码是三人中最大的。②我过去是个普卡。③B是我的妻子。④我的号码比B的大22。

B：①A是我的儿子。②我的名字是塞西尔。③C的号码是54或78或81。④C过去是个沃汰沃巴。

C：①伊夫琳的号码比西德尼的大10。②A是我的父亲。③A的号码是66或68或103。④B过去是个普卡。

找出A、B、C三个人中谁是父亲、谁是母亲、谁是儿子，他们各自的名字以及他们的部落号。

提示：分析法

五个人彼此之间的关系

约翰、詹姆斯、南希、露西和帕米拉陈述了以下各种情况：

约翰：南希是我的妻子；詹姆斯是我的儿子；帕米拉是我的姑姑。

詹姆斯：露西是我的姐妹；帕米拉是我的母亲；帕米拉是约翰的姐妹。

南希：我没有兄弟姐妹；约翰是我的儿子；约翰有一个儿子。

露西：我没有儿女；南希是我的姐妹；约翰是我的兄弟。

帕米拉：约翰是我的侄子；露西是我的侄女；南希是我的女儿。

假定：

①凡有一个以上兄弟姐妹的人，以及有一个以上儿女的人总是讲实话的。

②凡有一个以上兄弟姐妹或有一个

以上儿女的人所说的情况是真、假交替的。

③凡没有兄弟姐妹，也没有儿女的人，都不讲真话。

请从以上情况中，找出哪几种是真实的，以及这五个人彼此之间的关系。

提示：分析法

衣着规定

有一天，我们学校的男生宿舍楼前贴了一张关于"衣着规定"的布告。

"规定"一共有五条：

①16岁以上的男生才能穿燕尾服。

②15岁以下的男生不准戴大礼帽。

③星期六下午观看棒球比赛的男生必须戴大礼帽，或穿燕尾服，或两者俱全。

④带伴的，或16岁以上的男生，或两条都具备者，不准穿毛衣。

⑤男生们一定不可不看球赛和不穿毛衣，或者既不看球赛也不穿毛衣。

星期六下午观看棒球赛的男生的穿戴情况如何？

提示：假设法

四位古希腊少女

阿尔法、贝塔、伽玛和欧米伽四位古希腊少女正在接受训练，以便将来能当个预言家。实际上，她们之中只有一个后来当了预言家，并在特尔斐城谋得一个职位；其余三个人，一个当了职业舞蹈家，一个当了宫廷侍女，另一个当了竖琴演奏家。

一天，她们四个人在练习讲预言。

阿尔法预言："贝塔无论如何也成不了职业舞蹈家。"

贝塔预言："伽玛终将成为特尔斐城的预言家。"

伽玛预言："欧米伽不会成为竖琴演奏家。"

而欧米伽预言她自己将嫁给一个叫阿特克赛克斯的男人。

可是，事实上她们四个人当中，只有一个人的预言是正确的，而正是这个人后来当上了特尔斐城的预言家。她们四个人各自当了什么？

欧米伽和阿特克赛克斯结婚了吗？

提示：假设法

移动干酪

下图的左边是六块标着数字的干酪，放在标着A的盘子里，其他两个盘子B和C都空着。

请把干酪移到其他两个盘子里去，一次只许移一块，直到六块干酪按图2的顺序两块、两块地分别放在三个盘

子里。

有一个条件很重要：在移动过程中，放在上面的干酪上的数字一定要小于压在下面干酪上的数字。

看看你需要多少时间才能做完。

你可能会惊讶地发现，这是一项需要花费很长时间的游戏。

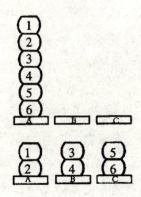

提示：分析法

病人搬家

里德尔顿综合医院的私人病房区共有五间单人病房。最右边的急诊病房现在空着。其他几个病房里分别住着A、B、C、D四位病人。现在他们住的病房标着他们姓名的头一个字母（如下图）。

病人们看来都很满意，但护士长却在考虑D与A换位置、C与B换位置。看来护士长是个很有条理的人，因为这样一来所有病人的位置就会按字母顺序

排列，便于管理。既然所有的病人都为住私人病房付过了费用，所以，不能把两位病人同时安排在同一间病房里，而且也不能在一位病人搬家时，将另一位病人留在风大的走廊里无人照管。为了执行护士长的命令，那个愁眉苦脸的小护士最少要为病人搬几次家？

提示：分析法

 电话号码是多少

我真希望邮电局不要再更换我的电话号码了。这也许是为了提高效率的缘故，但这种做法实在叫人头痛。你不仅要记住新的电话号码，还要通知其他所有的人（除了你的债主以外）电话号码换了。

不过，这个新的电话号码很不错。有三个特点使新的电话号码很好记：首先，原来的号码和新换的号码都是四个数字；其次，新号码正好是原来号码的4倍；再次，原来的号码从后面倒着写正好是新的号码。

所以，我不费劲就会记住新号码……新号码究竟是多少？

提示：假设法

 恐怖隧道

赶集的时候突然下起雨来。恐怖隧道至少还可以当做躲雨的地方，于是，我们每个人都在那种单座小车上找了个位子。这种小车一节接着一节，"卡啦、卡啦"地在隧道内循环行驶，时而穿过"砰砰"作响的门，时而经过一些奇形怪状的东西；一会儿重见天日，一会儿又陷入黑暗之中。

安迪是第一个上车的人。等到巴巴拉买好了票赶来，已经过去了七节车，所以她便坐上了安迪后面的第八节车；后来，又过去了几节车，科拉坐上了巴巴拉后面的第九节车；多拉坐上了科拉后面的第六节车；爱德华坐上了多拉后面的第四节车。最后，我坐上了爱德华后面的第八节车。虽然我们并不欣赏恐怖隧道的景色，可我们毕竟没有被雨淋着。

第一个下车的人是"红头发"。他正好坐在我和安迪中间的那节小车上。那么，"红头发"是谁的外号？

提示：分析法

 巧妙的安排

"用这种只有修锅匠、裁缝、大兵、

海员才能想出的办法来决定国家大事简直是荒唐透顶！"国务大臣抱怨道，"真想不到选择大元帅的方法，竟会是让所有的将军围着桌子坐好，然后每数到第三人便将他排除出去，直到最后剩下一个人为止。"

"这是克里波特尼亚的老传统了。"皇家鞋带保管官员叹了口气。

国务大臣痛苦地说："如果恰巧选中了格林高里，那对我们国家来说将是个多么大的悲剧啊！"

"你现在只有一个补救的方法，"保管官员说，"既然是你负责安排这八位将军的座位，就让格林高里坐在第三个或第六个或第一个座位上。这样，就有把握让他不会当选了。"

"格林高里已经预见到了这种可能性，"国务大臣望着座位平面图叹了口气，"他已经说服国王不采取每数到第三人就排除一人的办法，而是采用在将军们坐好以后，掷两个骰子的办法。两个骰子之和将决定每数几个人排除一人。例如，骰子总和为4，每数到第四位就排除一位。如果骰子之和是9，那么每数到第九位就排除一位，直到圆桌上剩下最后一位为止。请你告诉我，既然我不知道骰子之和将会是多少，而我下决心不让格林高里当选，那我应该让

格林高里坐在哪个位子上呢？"

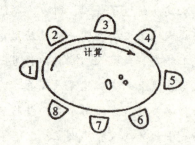

提示：分析法

GLASGOW 趣题

如下图所示：有八个圆圈，其中七个圆圈上面依次标着字母 G、L、A、S、G、O、W，连起来读作"格拉斯哥"，这是苏格兰西南部一个城市的名字。

按照现在的排列，这个地名是按逆时针方向拼读的。

解题的要求是每次移动一个字母，使 GLASGOW 这个地名最后可以按照正确的方向（顺时针方向）拼读。

移动字母的规则是：

①如果旁边有一个圆圈空着，可以走一步；

②可以跳过一个字母走到它旁边的空圆圈内去。这样，按照 LSOGAG-WAGSOSWAGSO 的顺序移动字母，就可以达到目的。但一共要走 17 步。

你能少走几步来实现上述目标吗？

这个词从哪个圆圈开始读都可以，只要是顺时针方向就行。

提示：演绎法

字母与价格

有些店主喜欢用粗大醒目的数字标明价格，使人一目了然。然而有些店主，特别是珠宝商和古玩商却不愿意这样做，他们非常谨慎，即使是在小小的价格牌上，他们也使用字母码。这就是说，您想知道价格，您就非得开口问不可。这些谨小慎微的商人常使用的字母码是选择一个含有10个字母的单词，每个字母代表一个数字。例如：

S O U T H W A L E S

1 2 3 4 5 6 7 8 9 0

这样，只有店主才知道HA表示57便士，或者SH/OW表示15.26镑。

有一天。我在本地的一家古玩店里买了两件古玩，有一件标着OF，另一件标着T/EA，总计6.41镑。我妻子也

买了两件，一件标着FB，一件标着I/RP，总计5.69镑。我女儿买了两件小玩意儿。一件标着BT，一件标着LP，总计1.77镑。

这个商人用来标价格的字母码用的是个什么单词？

提示：分析法

一台磅秤

商店经理要称五袋面粉。店里有一台磅秤，但少了一些秤砣，没法称50～100千克之间的重量，而五袋面粉每袋重量都在50～65千克之间。经理动了脑筋以后，解决了这个难题。他把五个口袋一对一对地称，五个口袋组成不同的十对，一共称了十次。得到十个数字由小到大依次排列如下：110千克，112千克，113千克，114千克，115千克，116千克，117千克，118千克，120千克，121千克。

问：每个口袋各重多少千克？

提示：递推法

要求加薪

工会干事汤姆说："厂方说，如果接受我们目前提出的一周工作时间少于44小时的要求，就无法完成生产计划。"

"那就罢工！"马拉利叫道。

"所以他们提出了两个方案供我们选择，"汤姆说，"一个方案是，他们可以把每周法定工作时间缩短为40小时，但是我们还得再加班四个小时来完成计划，这四个小时付给我们的工资是原工资的一倍半。"

"我们罢工！"马拉利又嚷了起来。

汤姆接着说："另一个方案是每周工作时间仍是44小时，不加班，但是每小时工资按每镑增加5便士付给。"

"罢工！"马拉利又喊道。

汤姆说："我算了一下，两个方案中似乎有一个能使工人的收入多一点。"

是前一个方案还是后一个方案？

注：英国货币1英镑等于100便士。

提示：假设法

 公寓的住客

刚刚落成的公寓大楼共有三层，每层仅一套公寓。

最先搬进来的沃伦夫妇住进了顶层的一套房子。莫顿夫妇和刘易斯夫妇则根据抽签的结果，分别住进了下面两层。

莫顿夫妇感到非常满意，他们没有什么怨言。事实上，整幢楼里唯一有意

见的是珀西，他希望住在他楼上的那对夫妇不要过早地洗澡，因为这影响他睡眠。

除此之外，这三家房客之间的关系一直很融洽。罗杰每天早上下楼路过吉姆的门前时，总要进去一会儿，然后两个人一起去上班。到了11点时，凯瑟琳总要上楼去和刘易斯夫人一起喝茶。

丢三落四的诺玛觉得住这种公寓非常方便，因为每当她忘了从商店买回什么东西的话，她总可以下楼向多丽丝家去借。

这三对夫妇分别叫什么名字？姓什么？住哪一层？

提示：分析法

 聪聪与早早

有些商人把名字起得很形象。我曾经见过一家肉店叫做"刀与肉"。在威尔士，我听说一家律师在招牌上写着"遗嘱·争辩"。不久前我又在报纸上看到一个管理钱财的人的名字叫"便士"。

提到报纸，使我想起我们当地以"聪聪"和"早早"这两个名字为荣的两个报贩。

在他们早晨送报的那条街上，两边

的住户数是一样的。聪聪负责一边的送报任务，早早负责另一边的送报任务。但是，由于聪聪从不早来送报，所以，早早每次都先从聪聪那一边开始替他先送五家，聪聪来了以后便从第六家开始送报。这时早早则到马路另一边从头开始他自己的工作。

尽管早早总是早早地送报，但他不聪明，所以，虽然不早但却聪明的聪聪总是比早早快而多地完成自己的任务。然后，到大街另一边替早早送最后九家的报纸。

很清楚，聪聪送报的户数要比早早多，你知道多几户吗？

提示：分析法

🎈 五束玫瑰花

"一共有几位姑娘？"花店老板问。

"五位。"托马斯大叔答道。

"那么，您买五束玫瑰花吧。我想每束有八朵花比较合适。你要什么颜色的？黄的，还是粉色的、白的或者红的？每一种颜色都要一点吧。"

"那也行。每种颜色来10朵花，一共40朵花。为了让五束花看起来各有特色，我希望每一束花中不同颜色花朵的数量不全相同，不过每束花中每种颜色的花至少应该有一朵。"

五位姑娘所得的花的情况是：

艾丽斯得到的一束花中，黄色的花要比其余三种颜色的花加起来还要多；而巴巴拉得到的花束中，粉色花要比其余任何一种颜色的花都少；克莱尔的花束中，黄花和白花之和与粉色花和红色花的总数相等；黛安娜所得的那束花，白色花是红色花的两倍；埃菲的那一束花，红色花和粉色花一样多。

每个姑娘得到的花束中，四种颜色的玫瑰花各有几朵？

提示：递推法

🎈 驱车寻宝活动

某地的慈善委员会组织了一次驱车寻宝活动寻找一桶藏在Z村的啤酒。所有的车先在A村集合，然后竞赛者们分头去其他九个村子寻找线索。把这些线索集中在一起研究，才会知道那桶啤酒藏在Z村的什么地方。最先回来并宣布找到啤酒桶的是小威尔金斯。他最巧妙地安排了自己的路线，他从A村到达Z村，沿途获得了所有线索，却没有重复走进任何一个村子。而其余的人则一直在走弯路。

下图是11个村子的分布图，村子与村子之间只有唯一的一条道路。

小威尔金斯是怎么走的？

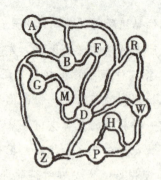

提示：分析法

小圆圈组成的迷宫

大多数的迷宫都是孩子们玩的简单游戏，但这个迷宫却要你费一番心思。

下图是一个由线连接起来的小圆圈组成的迷宫。要求从外围标有数字1～8这八个不闭合的圆圈开始，沿着黑线往前走，一直走到中心的H圈内。

每个小圆圈里的数字，规定了你下一步应该走的"站"数。比如：你从外围标有2字的开口圆圈出发，第一步必须走过两个互相连接的圆圈（即2站），这样就将走到另一个标有2或6的小圆圈里，然后根据到"站"上标明的数字2或6，决定应该走的"站"数。允许往回走，最后一步必须正好走进中心的H圈内。走进去以后不能再走出来。

这座迷宫中只有一条路，可以让你到达目的地。要找到它可不是轻而易举的事。也许要花一番工夫，但一旦找到

了，却不容易遗忘。

你能找到这条唯一正确的路吗？

提示：分析法

炮舰外交

普左罗总统刚刚获得了一支舰队来保卫他的岛国。这只新舰队由两艘霍萨级炮舰组成。美中不足的是这两艘炮舰的燃料消耗量较大，它们装的木柴只够锅炉烧24小时（只能航行120哩）。

普左罗正在计划一次盛大的环岛航行，以此来炫耀他最好的军舰。但是，海军大臣提醒他，该岛的周长可不止120哩。这次航行对于普左罗是个荣誉问题，而对海军大臣却是个头疼的问题。

不过，本地大学的数学教授和巫师计算了一下，认为如果用一艘舰在海上为另一艘舰装运燃料的话，环岛航行还

是可以完成的。虽然在港内为一艘炮舰装燃料要用 8 小时，但在海上这艘被装燃料的炮舰并不需要停船等它的姐妹舰赶上来。只是在海上一艘舰往另一艘舰上转运燃料时，普左罗庄严的航行才会被稍稍耽误一会儿。如果这个小岛再大一点儿，整个航行则会成为泡影。

小岛的周长是多少？

提示：分析法

打铁罐比赛

集市上的"办得到"货摊上摆着九个铁罐，每个上面都标有一个数字。三个、三个地垒在一起（见下图）：

比赛者每人只许打三枪，每枪只许打落一个铁罐，如果一枪打掉了两个或两个以上的铁罐，就算失败了。比赛者打掉第一只铁罐后，这个被打掉的铁罐上的数字就是他所得的分数；打掉第二个铁罐，他得到的分数是被打掉的第二只铁罐上的数字的 2 倍；第三个铁罐被打掉后，他所得分数是这个罐上的数字的 3 倍。三枪所得分数之和必须正好是

50 分——一分不多，一分不少，才能得奖。

问：比赛者应该打掉哪三个铁罐？按什么顺序打？

提示：分析法

美丽的金发姑娘

超级市场里有一位美丽的金发碧眼的姑娘，她在收款处工作。几乎所有在收款处排队付款的顾客，对她都特别注意。

"1 瓶番茄酱，1 磅香肠。"随着计算机键盘上发出的嗒嗒声，她清脆地报出数字："27 便士！"这声音是多么悦耳动听啊！"

"1 包泡泡脆，1 罐烤蚕豆，请付 14 个半便士。"她有一双美丽的眼睛。

"1 罐烤蚕豆和 1 瓶番茄酱，15 个半便士。"她的手指修长而灵巧。

"1 罐蜂蜜，1 包泡泡脆，一共 28 个半便士。"笑得多迷人！

轮到我付钱了。

她亲切地说："24 便士。"我一边举帽向她致意，一边伸手在口袋里乱摸，连找回的零钱也掉了。当我摇摇晃晃、腾云驾雾般地向门口走去时，还被前面的一位胖太太绊了一下。"等一下，"那悦耳的、天使般的声音又响起

来，"您忘了您买的两样东西了。""我买的两样东西？"我茫然地问道。这时，我才想起我是买了两样东西，但具体是哪两样，我却怎么想也想不起来了。

您能帮我想起来我买的是什么吗？

（提示）我买的两样东西在上述几种食品以内，有几种组合。

提示：分类法

 河马

很多年以前，在某一个生活富裕的部落里，部落首领对该部落的一头神河马照料得十分周到。

首领每逢生日，他和他的收税官带着这头畜生一起乘上华丽的彩船，沿河游览到收税营房。

当地的习惯是，交给首领的金币的重量必须同这头神河马的体重相等。在收税营房的边上有一台大天平，它的一边可以载上河马，而另一边则以金币来平衡。

首领把神河马喂养得很好，河马越长越肥壮，以至有一年天平的杠杆竟然给称断了，而这根杠杆需花几天才能修好。

首领顿时变了脸色，他对收税官说："我今天要把金币收上来，而且一定要如数收齐。如果在太阳落山之前，

还想不出办法，我就砍你的头。"

可怜的收税官被弄糊涂了。

他还是集中精力，苦苦思索几小时之后，突然想出一个好主意。

你能猜出他想的是什么主意吗？

提示：递推法

吊在半空中的管理员

当夜总会的侍者上班的时候，他听到顶楼传来了呼叫声。

他奔到顶楼，发现管理员腰部束了一根绳子吊在顶梁上。

管理员对侍者说："快点把我放下来，去叫警察，我们被抢劫了。"

管理员把经过告诉了警察："昨夜停止营业以后，进来两个强盗把钱全抢去了。然后把我带到顶楼，用绳子将我吊在梁上。"

警察对此深信不疑，因为顶楼房里空无一人，他无法把自己吊在那么高的梁上，那里也没有垫脚之物。有一部梯子曾被这伙盗贼用过，但它却放在门外。

然而，没过几个星期，管理员因偷盗而被抓了起来。你能否说明一下，没有任何人的帮助，管理员是怎样把自己吊在半空中的？

提示：分析法

药品

一家药店收到外地运来的某种药品10瓶。每瓶装药丸1000粒，每粒药丸的限定重量为100毫克。药剂师怀特先生刚把药瓶放上货架，制药厂的一封电报接踵而来。

怀特先生给药店经理布莱克小姐念了这份电报："特急！所发药品经检查后方能出售。由于失误，有一瓶药丸每粒超重10毫克。请立即将分量有误的那瓶药退回。"

怀特先生很气恼："倒霉极了，我只好从每瓶中取出1粒药丸来称一下。真是胡闹。"

怀特先生刚要动手，布莱克小姐拦住了他，并说："怀特先生，请等一下，没有必要称十次，只需称一次就够了。"这有可能吗？

提示：递推法

乐队到底有多少人

鲍勃和海伦穿过公园时，看见尼克松中学的游行队伍正在排练，由乐队作前导。在乐队行进时，四个人一排，剩下一个男生。可怜的小斯皮罗落在最后。乐队指挥为此而大伤脑筋。为了不让一名乐队队员单独留在队尾，指挥让

乐队改成三人一排行进，但斯皮罗仍然孤单单地走在最后一排。即使乐队换成两个人一排行进，还是同情况。

虽然这不关海伦的事，但她还是向指挥走了过去。海伦说："我可以提点建议吗？"

乐队指挥说："不，小姐，走吧，请勿打扰我。"

海伦："好吧。不过我还是要告诉你，应该让乐队按五人一排行进。"

指挥说："小姐，我正好也想到要这样试试。"

当乐队按五人一排行进时，则不再有人剩余。这个乐队到底有多少人呢？

提示：分析法

一半唱片

鲍勃和海伦都热衷于解难题，他们的最大乐趣就是彼此用难题难住对方，或难倒他们的朋友。

有一次，鲍勃和海伦经过一家唱片商店。这时，鲍勃问道："你那些西部田园音乐的唱片还在吗？"

海伦回答说："没有了。我已经把一半唱片和一张唱片的一半送给了苏席。然后，我又把剩下的一半唱片和一张唱片的一半送给了乔。我现在只剩下一张唱片了。假如你能说出我原来有几

张西部田园音乐的唱片，那么这一张唱片就送给你。"

鲍勃给弄糊涂了，因为他怎么也弄不懂掰成两半的唱片还有什么用处。

但是，他仔细思考了一下，突然喊了起来："啊哈！我明白了！"

原来海伦一张唱片也没有掰开过。他答出了这一难题，于是海伦就把最后一张唱片送给了他。鲍勃到底有什么诀窍呢？

提示：递推法

🎈 等电车

三兄弟从剧场回家，走到电车站，准备一有车就跳上去。可是，车子一直没有露面。哥哥的意见是等着。

"干吗在这儿等着，"老二说，"还不如往前走呢！等车赶上咱们再跳上去，等的时间已经可以走出一段路程了，这样可以早点到家。"

"要是走，"弟弟反对说，"那就不要往前走，而是往后走，这样我们就能更快地遇到迎面开来的车子，咱们也就可以早点到家。"

兄弟三人谁也不能说服别人，只好各走各的，大哥留在车站等车，老二顺着车行方向向前走去，弟弟则向后走去。

哥儿三个谁先回到家里？谁做得最聪明？

提示：分析法

🎈 分苹果

九个苹果分给12名少先队员，希望每个苹果不要切成多于四块。

这个题初看起来好像是不可解的，但你只要懂得分数，就能不费劲地得到答案。这个题解出后，用同样方法就能解出下面一个类似的题目了：把七个苹果分给12名少先队员，每个苹果不要切成多于四块。

提示：分类法

🎈 怎样分配

两位朋友在烧饭。一个人往锅里放了200克米，另一个人放了300克米。饭做好后，两人正准备就餐，一个过路人走了过来，参加到他们中间一起用餐。临走，留下了0.5元的饭钱。

两位友人应当怎样分配这笔饭钱？

提示：倒推法

🎈 牛群

一个人，把一群牛分给他的儿子们。给长子的是1头牛又牛群余数的1/7，给次子的是2头牛又牛群余数的

1/7，给第三个儿子的是 3 头牛又牛群余数的 1/7，给第四个儿子的是 4 头牛又牛群余数的 1/7，如此类推。他就这样，把整个牛群一头不剩地分配给了他的儿子们。他有几个儿子？有多少头牛？

提示：递推法

三个侦察兵

有一次，三个侦察兵在徒步行进中必须过河到对岸，但没有桥，对他们来说，这是一件难办的事。这时，河上有两个孩子在划一只小船，他们想帮助侦察兵。可是，船太小了，只能承载一名侦察兵，如再加上一个孩子就会把小船弄沉。而三个侦察兵都不会游泳。

看来，在这样条件下，就只能有一名战士乘小船渡到对岸去。可事实却是，三名战士都很快地顺利到达了对岸，并把小船交还给了孩子们。他们是怎样做的呢？

提示：分析法

房间怎样分配

一天，旅店服务员碰上了一个难题：一下子来了 11 位旅客，每个人都要一个单人房间，可当时旅店里只有 10 间空房。来客都很坚决，非单人房

不可。当时只好设法把这 11 位客人安排在 10 个客房中。而每个房间只许一人，这是无论如何也做不到的。可是，那位服务员想出了一个办法，他能解决这个伤脑筋的难题。

他的主意是，把第一位客人安排在 1 号房间，请他同意让第十一位客人暂时（5 分钟左右）也在他房间里呆一下。这两位客人安排好后他把其他客人逐一分配到其他各号房间去：把第三位客人分配到 2 号房；把第四位客人分配到 3 号房；把第五位客人分配到 4 号房；把第六位客人分配到 5 号房；把第七位客人分配到 6 号房；把第八位客人分配到 7 号房；把第九位客人分配到 8 号房；把第十位客人分配到 9 号房。这时第 10 号房间还空着，他就把暂时待在 1 号房的第十一位客人请了过来，满足了全体旅客的要求。但这个结果一定会引起了本书许多读者的惊奇。这里问题何在呢？

提示：分析法

小人国的牛羊

《格列佛游记》中，最有趣的故事要算是格列佛在小人国和大人国旅游了。在小人国，人、畜、植物等一切物件的尺寸都只有我们的 1/12。而大人国

则恰恰相反，所有物件的尺寸是我们的12倍。作者为什么选了12这个倍数是不难理解的，因为这恰好是英尺和英寸之间的倍数关系（作者是英国人）。

等于12倍或等于1/12，这好像不是太大的增减，可是大人国、小人国里的自然环境和生活环境同我们所熟悉的有着意想不到的差别，这种差别远远出乎我们意料，因此向我们提供了许多有趣的题目的材料。

"他们给我派来了500匹健壮的马，好把我送到首都去。"格列佛谈到小人国的情况时这样说。

先说小人国的牛羊。关于小人国的牛和羊，格列佛说他离开的时候只是随便地"把他们放到了自己的衣袋中"！

这可能吗？

提示：分析法

 ### 太硬的床铺

《格列佛游记》里，关于小人国人如何为他们的巨人客人准备卧具，有如下描述："人们用大车给我拉来了600条小人国人用的褥子。裁缝师傅们忙碌起来，他们把每150条褥子缝到一起，做成长宽都能让我躺得下的大褥子。他

们把四床这样缝起来的大褥子铺作四层，可是，就是在这么四层厚的褥子上，我还像是躺在石头地面上一样。"

为什么格列佛睡在这个多层褥子上还觉得这样硬呢？

提示：分析法

 ### 格列佛的口粮和午餐

在《格列佛游记》中，小人国人给格列佛规定了下列食品供应定额：每日发给相当于小人国1728个臣民所需的食品和饮料。

"300名厨师为我准备食物，我住所的四周搭起了许多棚子，在那里做饭。厨师和他们的家属也住在那儿。到吃午饭的时候，我用手抓起20个佣人，放到餐桌上；另外约有100人在地上服务，他们有的供送食物，有的则用抬杠抬来一桶一桶的甜酒和其他饮料；站在餐桌上的人则需要随时用绳索和滑车把这些东西提升上来。"

小人国的人们根据什么给他定下这么大的一份口粮呢？还有，服侍格列佛一个人就餐，为什么要安排这么多的佣人呢？

提示：分析法

[答案]

贺卡商店

答案：① 19；② 22；③ 3；④ 45；⑤ 8。

卖报的小贩

答案：135 名顾客。

适量的油

答案：

（1）把 10 毫升的瓶子里的油倒进 7 毫升的空瓶里。

（2）把 7 毫升的瓶子里的油倒进 3 毫升的空瓶里。

（3）把 3 毫升瓶子里的油全部倒回到 10 毫升的瓶子里。

（4）重复第二、三步骤一次。

（5）把 7 毫升瓶子里的油倒进 3 毫升的空瓶里。

（6）把 10 毫升的瓶子里的油倒进 7 毫升的空瓶里。

（7）把 7 毫升瓶子里的油倒进 3 毫升的瓶子里。

（8）把 3 毫升瓶子里的油全部倒回 10 毫升的瓶子里。

此时，10 毫升瓶子里有 5 毫升的油，7 毫升瓶子里有 5 毫升的油，符合要求。

衬衫的颜色

答案：蓝色的。编号的彩色衬衫的颜色与彩虹的颜色一致，蓝色是彩虹中的第五种颜色。

磨牙的女孩

答案：

（1）由提示①、③可推知："谨依有磨牙"。因为如果谨依没有磨牙的话，则容华有磨牙。如此一来，就违反提示①的条件。

（2）既然谨依有磨牙，那么根据提示①，可推知：容华有磨牙。再根据提示②，可推知富桂没有磨牙。

（3）所以答案是：磨牙的是容华和谨依。

珠宝抢劫案

答案：珠宝被扔到了流沙上，小乔忘记了这回事。但大艾尔费了好大劲找到了珠宝。小乔也去找过，结果陷进流沙中死了，没有留下任何痕迹。警察甚至不知道小乔已经死了。

 不规则形状的玻璃瓶

答案：一个很简便的方法就是将一些小玻璃珠（不会被腐蚀）放入瓶子中，使瓶中强酸的刻度升到 10 升。然后就是倒出强酸，倒到刻度为 5 升时停止。

 郊游的饭团钱

答案：小明分得 120 元；小红分得 40 元；亮亮分得 0 元。

饭团共有 16 个，4 人每人吃了 4 个。亮亮带了 4 个，吃了 4 个，不进不出。小明跟小红各拿出了 3 个和 1 个，共给了雯雯 4 个，两人应得这 160 元。这样饭团 1 个 40 元，小明：40×3=120 元；小红：40×1=40 元。

这是一道有名的智力题。其巧妙地抓住了人类思维的盲点。我们容易陷入这种错觉：雯雯出了钱看似买了所有的饭团，虽然叙述的方式也有问题。但小明、小红、亮亮带来的饭团全集中在一起这种说法使人产生错觉。思考时应先留意 4 个人都具备的条件，即各自都吃了 4 个这一相同点，然后以此为基准，阳应地进行加或减即可。

 无刻度天平称盐

答案：

第一次将盐各一半放进盘里，秤平衡后就分成了两个 70 千克。

第二次将 70 千克再分为两份。

第三次两个盘里各放一块砝码，然后将 35 千克的盐，适当地分放入两个盘里，让天平平衡。这样，两边的盘里都装有 22 千克，盐就被分成了 20 千克和 15 千克。

把这边 15 千克与第二次所分的 35 千克加在一起是 50 千克；剩下的全加起来就是 90 千克了。

 快速煎牛排

答案：如果先正反面煎好两块的话，再煎第三块的时候有一只煎锅就闲置了。怎么才能节省时间呢？先把三块牛排编号为 1、2、3。然后，第一步煎 1 号反面，2 号正面（用时 5 分钟），第二步，煎 1 号反面，3 号正面（用时 5 分钟），最后煎 3 号反面，1 号正面（用时 5 分钟），这样花的时间加起来就只有 15 分钟。

 打开高老头的保险柜

答案：请注意密码是由 0 和 1 组

成的，即使是三位数字，也只有6个：001，010，011，100，101，110。所以最多也只要试6次就可以把保险柜打开了。

租房子

答案：如果孩子的父母出面解决这问题，可能会有三个解决方案：（1）出高价；（2）苦苦求情；（3）夸耀自己的孩子非常听话。

这三个方案都不能解决问题。这个5岁的孩子或许根本不懂什么叫水平思考法。他不知计谋，不知炫耀。但是，他的思考却是水平思考。孩子考虑的焦点，从父母带孩子转向孩子带父母，这样就把问题解决了。

孩子说了句什么呢？5岁的孩子说："老爷爷，这个房子我租了。我没有孩子，我只带来两个大人。"房东听了哈哈大笑，就把房子租给他们了。

瑞普的游戏

答案：为了保持住冠军的地位，瑞普应该击倒第六号木柱。这样一来，木柱就将被分成1根、3根、7根三组。接下去，无论瑞普的对手施展什么伎俩，只要瑞普采取正确的策略，对手一定要输。矮山神要想取胜，他开始时应

该击倒第七号木柱，以便将木柱分成各有6根木柱的两组。此后，无论瑞普投掷哪一个组里的木柱，山神只要在另一组里重演瑞普的动作，直到最终取得胜利为止。

找出假金币

答案：先把金币分成A，B，C三组，然后把A组和B组先放到天平上，这样就会有如下两种情况：两端平衡，说明假币在C组中，然后从C组中任意取两个金币放到天平上，如果是平衡的，那另外一个就是假币，如果不平衡，那轻的那个就是假币；两端不平衡，说明轻的那一组中有假币，然后用跟上面一样的方法就可以找出假币。

鬼哭山庄

答案：蜡烛点燃后，过几个小时就会燃尽，可是被风吹灭的却会留到最后，所以最后剩下的只有被风吹灭的三支。

朱莉婶婶的预言

答案：朱莉婶婶是这样预言的："我将会被送上断头台。"

如果朱莉婶婶的预言是正确的，皇帝就应该把她送上火刑场，可是这样一

来，朱莉婶婶的预言就算是错了。如果朱莉婶婶的预言是错的，皇帝应该把她送上断头台，可是这又等于朱莉婶婶的预言正确了，所以皇帝无法对朱莉婶婶行刑了。

 还我零用钱

答案： 如果小光说："妈妈，你不会把零用钱还给我，是吧？"妈妈就会把零用钱还给小光。因为如果妈妈回答说："是！"，那就算是小光答对了，所以妈妈要把零用钱还给他。如果妈妈说："不是。"那就说明妈妈想把零用钱还给小光，小光还是可以要回自己的零用钱。

 奇怪的自行车比赛

答案： 小光和小丽不想比谁骑得慢，觉得那个没意思，所以他们把自行车换过来骑，万一比赛中小光先回来的话，因为他的车是小丽骑着，所以零用钱还是归小光，如果小丽先回来也是一样，所以他们骑得更快了。

 巫婆的错觉

答案： 可以融化一切的药能用瓶子装吗？如果什么都可以融化的话那药瓶应该先被融化掉才对，因此，魔王知道

巫婆的药是假的。

 突然失聪的奥利佛

答案： 因为她可以说，奥利佛虽然被巨大的爆炸声震得暂时听不见，可是她却没有变成哑巴。

 猴子和孔雀各有几只

答案： 猴子和孔雀都有两只眼睛，所以一共有 60 只眼睛的话，就可以知道猴子和孔雀一共有 30 只，那么这 30 只里面有多少只猴子，多少只孔雀呢？猴子有 4 条腿，孔雀有 2 条腿，所以：$4\times$ 猴子数 $+2\times$ 孔雀数 $=100$。这样，代入合适的数字，就可以算出猴子有 20 只，孔雀有 10 只。

 谁是无辜的人

答案： A 是凶手，B 是帮凶，C 是无辜的人。因为 C 说了："A 不是帮凶，B 不是凶手。"

 平分蜂蜜

答案：

（1）把 3 斤瓶灌满，再倒进 7 斤瓶；

（2）再把 3 斤瓶灌满，然后再倒进 7 斤瓶。这时 7 斤瓶里有 6 斤蜂蜜；

（3）再把3斤瓶灌满，然后再倒进7斤瓶里。7斤瓶倒满时，3斤瓶里剩下2斤蜂蜜，7斤瓶正好有1斤。

（4）把7斤瓶里的蜂蜜全倒回10斤瓶里，这时10斤瓶里有8斤，在把3斤瓶的2斤蜂蜜倒进7斤瓶里。

（5）用10斤瓶里的蜂蜜把3斤灌满，再把这3斤蜂蜜倒进7斤瓶里。

这时，7斤瓶和10斤瓶里各有5斤。

猎人与熊

答案：黑熊先把一只棕熊运过河，黑熊划船回来再把另一只棕熊运过河，黑熊划船回来。两个猎人划船过河，一个猎人带一只棕熊回来，一个猎人把黑熊运过河，一个猎人再带一只棕熊回来，黑熊划船回去，分两次把两只棕熊运过河。

三筐水果

答案：从标着"混合"标签的筐里拿一只水果，就可以知道另外两筐装的是什么水果了。如果拿出的是苹果，标着"橘子"标签装的是混合水果，标着"苹果"标签装的是橘子。如果拿出的是橘子，标着"苹果"标签装的是混合水果，标着"橘子"标签装的是苹果。

最少几架飞机飞一圈

答案：3架飞机5架次，飞法：A、B、C 3架同时起飞，1/8处，C给A、B加满油，C返航，1/4处，B给A加满油，B返航，A到达1/2处，C从机场往另一方向起飞，3/4处，C同已经空油箱的A平分剩余油量，同时B从机场起飞，A、C到7/8处同B平分剩余油量，刚好3架飞机同时返航。所以是3架飞机5架次。

小明一家过桥

答案：第一步，小明与弟弟过桥，小明回来，耗时4秒；第二步，小明与爸爸过河，弟弟回来，耗时9秒；第三步，妈妈与爷爷过河，小明回来，耗时13秒；最后，小明与弟弟过河，耗时3秒，总共耗时29秒。

喝矿泉水

答案：40瓶。一开始20瓶没有问题，随后的10瓶和5瓶也都没有问题，接着把5瓶分成4瓶和1瓶，前4个空瓶再换2瓶，喝完后2瓶再换1瓶，此时喝完后手头上剩余的空瓶数为2个，把这2个瓶换1瓶继续喝，喝完后把这1个空瓶换1瓶汽水，喝完换来的那瓶再把瓶子还给人家即可，所以最多可以喝的瓶数为：20+10+5+2+1+1+1=40。

 帽子的颜色

答案：白色。

假设5个人是A、B、C、D、E五人，我是A。A看见4个人的帽子是白色的，而没有人能说出自己的帽子颜色，那么A的帽子颜色是什么呢？当然，只有三种可能：

（1）红色。A的帽子颜色是红色，那么B将看到一顶红色帽子，这时候B就会想："我的帽子颜色是红色吗"。B会考虑，如果A的帽子是红色，那么C将会看到两顶红色帽子。

如果C看到两顶红色帽子的话，C就会想："我的帽子会是黑色的吗？"如果是，D将看到两顶红色和一顶黑色的帽子，那么D一定知道自己帽子的颜色是白色的。因为，如果D的帽子也是黑色的，E马上就能知道他自己的帽子颜色是白色的。那么C的帽子颜色一定不是黑色，只能是白色，因此，C可以宣布，他的帽子颜色是白色。

鉴于C并没有宣布，因此，B认为，自己的帽子一定不是红色，那B是否会认为他帽子的颜色是黑色呢？

这时候，B又想了，如果我自己的帽子的颜色是黑色的话，那么C会看到一顶红色和一顶黑色的帽子，C就会想："我的帽子会是红色的吗？"如果是，D将看到两顶红色。和一顶黑色的帽子，那么D一定知道自己帽子的颜色是白色的。因为，如果D的帽子也是黑色的，E马上就能知道他自己的帽子颜色是白色的。

那么C的帽子颜色一定不是红色，那么是否可能是黑色呢？同理，当然不可能，只能是白色，B考虑完这两种情况，就会宣布，自己的帽子的颜色是白色的。

因此，A认为自己的帽子颜色不会是红色。

（2）黑色。同理（1），A的帽子颜色不会是黑色。

（3）白色。A的帽子颜色只能是白色。

 硬币游戏

答案：剩2个时，取1个必胜；剩3个时，取2个必胜；剩4个时，如果对手足够聪明则必败；剩5个时，取1个必胜……

记 作2（1）、3（2）、4（x）、5（1）、6（2）、7（x）、8（1）……

从中找出规律：

当剩余个数 K=3N − 2，N 为自然数时，只要对手足够聪明则必败。

当 K=3N − 1 时，有必胜策略：取1个。

当 K=3N 时，有必胜策略：取2个。

所以，当16个时，后取者有必胜策略。

纽约特工

答案： ① 175；② 140；③ 7。

六个兄弟

答案： 以老三为例，他旁边不能坐老二，老四和老五，所以只好坐老大和老六了。也就是说已经有三个人的位置固定了。还剩下老二，老四和老五，老四和老五是不能相邻的，所以一定要由老二隔开，挨着老六那边坐老四，挨着老大那边坐老五。这样一想，这题是否很简单呢？

漂亮的挂衣板

答案：

题1应选（2）。因这一组中，蓝衣钩与白衣钩毗邻，违反已知条件3，故错。

题2应选（4）。（1）违反已知条件④；（2）和（5）违反已知条件①；（3）违反已知条件3；只有（4）符合所有条件，故选（4）。

题3应选（1）。因为（2）违反已知条件①。（3）违反已知条件①和②，而（4）和（5）都违反已知条件①。如果要符合所有的题设条件和本题题意，（1）是唯一的选择。

比较高矮胖瘦

答案：

题1应选（2）。根据已知条件④、⑤可排出其中四人的高矮顺序：山姆、伊恩、阿里、玛丽。由此可见，如果伊恩比阿里高，那么山姆肯定比玛丽高。

题2应选（3）。由已知条件②、③和本题附加条件可知。约翰、玛丽、山姆和保罗四人中，约翰的体重最重，其次是玛丽和山姆，保罗的体重最轻，而选择（3）中所示体重恰恰相反，即保罗的体重重于约翰的体重，所以错。

题3应选（5）。

题4应选（3）。根据已知条件①、⑤和本题附加条件可排出下列五人从高到矮的顺序：卡尔文、巴里、哈里、阿里、玛丽，这样我们就可以很明显地看出卡尔文高于玛丽，因此（3）对。而（1）、（2）、（4）由于条件不充分，推出结果当然也是不可靠的。

售票员变侦探

答案： 警察给自己买了一张往返票，但没有给他的妻子买。售票员认为这很奇怪。当警方调查此事时，这名警察已经拿到了他妻子死亡的保险费并承认了这一切。

旋涡与女士的面纱

答案：

1.河岸的阻力，流速减小

分析：从水流结构上则分为层流（流动的水质点彼此平行，并保持恒定的速率和方向）和紊流（流动的水质点呈不规则运动，其速率和方向不断变化），以及环流（水质点在横向上构成一个个环状向前的水流）和旋涡流（水质点围绕一个公共轴呈螺旋状水流）。

2.面纱可保温，不带它脸就觉得冷

分析：面纱减缓面部风的流速，在面部和面纱间形成不稳定的保温层。

蓄水池的秘密

答案： 流出的速度取决于出水口离水面多深。两个出水口的深度一样，所以水从两个出水口流出的速度也是一样的。

菊花的游戏

答案： 仔细思考后，后来的人总能获胜。如果第一个人拿起一只蜜蜂，第二个人则拿起在对面的两只蜜蜂。如果第一个人拿起两只，则第二个人拿起一只，仍然在对面的位置拿。这样下去，最后总会剩下位置相对的两只蜜蜂。第二个人只要保证蜜蜂位置的对称，就不会输。

迷失的城镇

答案： ①C；②D；③F；④A；⑤B；⑥没有。

豪宅里的谋杀

答案： 管家认定女仆必须对罗密欧与朱丽叶的死负责。因为没有其他人在房间，而水缸是不会自己翻倒的。女仆立即被解雇了，因为她太不小心，致使两条金鱼意外死亡。这两条金鱼——罗密欧与朱丽叶都是主人最心爱的宠物。

无限大体育馆

答案： 这一次，经理不再使用以前的老方法来移动观众的座位了，而是将观众从2号座位移到3号座位，3号座位移到5号座位，4号座位移到7号座位，等等。这样就可以剩下无限多个偶数号码的座位，留给无限多的观众。

选择职业

答案：卡特是位农场主。

打赌

答案：有可能，但有一个补偿因素。吉姆开始时有8块钱，所以若比尔10局全赢的话，也只赢得8块钱。但吉姆如果全赢的话，则会赢得大量的钱：8、12、18、27，等等。因此，作为补偿，即使多输几局，比尔也可以赢少量的钱。

射击范围

答案：上校的分数是200分（60、60、40、40）；少校的分数是240分（60、60、60、60）；将军的分数是180分（60、40、40、40）。

每位军人的不正确之处是：上校的第一句话，少校的第三句话，将军的第三句话。

话多的狗

答案：22.5公里。卡特走回农场所用的时间与斯波特被放开后所跑的时间相同，因此，只要计算出卡特走回农场所用的时间，就可以推算出斯波特被放

开后所跑的距离，即：跑的速度×跑的时间＝跑的距离。卡特走完10公里的路程需花2.5小时（10公里÷4公里/小时）。斯波特也跑了2.5小时，所以它被放开后跑的距离就是9公里/小时×2.5小时＝22.5公里。

外星人的手指

答案：我们假设房间里有240只手指，则可能是20个外星人，每人有12只手指，或者是12个外星人，每人有20个手指。但这无法提供一个唯一的答案，所以应去除所有可以被分解为因数的数字。现在考虑质数：可能会是1个外星人，每人有229个手指（但根据第一句话，不可能）；可能是229个外星人，每人有1个手指（但根据第二句话，不可能）。这样，又去除所有质数，就只剩下平方数。在200和300之间符合条件的只有一个平方数，就是289（17²）。所以在房间里共有17位有着17个手指的外星人。

想数字

答案：阿纳斯塔西娅说数字低于500显然是撒谎，因为首位数无论是5、7或9的三位数，都大于500。在99和999之间唯一一个平方数和立方数的末

位数是5、7或9的数字是729。

 天下第一长联

答案：五百里滇池，奔来眼底，披襟岸帻，喜茫茫，空阔无边！看：东骧神骏，西翥灵仪，北走蜿蜒，南翔缟素，高人韵士，何妨选胜登临，趁蟹屿螺洲，梳裹就风鬟雾鬓，更苹天苇地，点缀些翠羽丹霞，莫辜负四围香稻，万顷晴沙，九夏芙蓉，三春杨柳；

数千年往事，注到心头，把酒凌虚，叹滚滚，英雄谁在！想：汉习楼船，唐标铁柱，宋挥玉斧，元跨革囊，伟烈丰功，费尽移山心力，尽珠帘画栋，卷不及暮雨朝云，便断碣残碑，都付于苍烟落照，只赢得几杵疏钟，半江渔火，两行秋雁，一枕清霜。

 请解一道数学题

答案：《三角》、《几何》共计九角。《三角》三角，《几何》几何？《几何》书价是六角。

 传教士和野蛮人

答案：可以这样渡河：

（1）一名牧师和一个野蛮人过河；

（2）留下野蛮人，牧师返回；

（3）两个野蛮人过河；

（4）一个野蛮人返回；

（5）两名牧师过河；

（6）一名牧师和一个野蛮人返回；

（7）两名牧师过河；

（8）一个野蛮人返回；

（9）两个野蛮人过河；

（10）一个野蛮人返回；

（11）两个野蛮人过河。

这里关键的一步是第六步，许多人不能解决此题，就是没有想到这一步。

 渡河问题

答案：通过试验，可以找出许多方案，下面是其中一个方案：

（1）农民先把猫带过河，将猫留在对岸；

（2）农民独自返回；

（3）把狗带过河；

（4）将狗留在对岸，把猫带回原岸；

（5）把鱼送到对岸；

（6）农民独自返回；

（7）把猫送到对岸。

至此，这位农民巧妙地把狗、猫和鱼都带过河去了。

 奖赏问题

答案：现在我们要求出这64格麦

粒数的和，怎么办呢？一个数一个数去加吗？那实在太繁琐了。

第一格：1粒麦子，第二格：2粒麦子，第三格：2×2=4粒麦子，第四格：2×2×2=8粒麦子……第六十四格：2×2×……×2（63个2连　乘）=9，223，372，036，854，775，808粒麦子。

仔细观察上表就会发现，每一格数字正等于它前面各格数字的和再加1。由此便产生了一种求各格麦粒数和的简便算法。即把某格麦粒数减1，便得出前几格麦粒数和的方法。那么要求64个格麦粒数的总和，自然可得：

9，223，372，036，854，775，808×2 — 1=18，446，744，073，709，551，615（粒麦子）。

这是个天文数学，这些麦子世界上生产2000年也未必生产得出。

由此可见，古代的印度人对等比数列的性质和运算已经掌握得很熟练了。

 盈亏问题

答案：这类问题就是我国数学史上有名的盈亏问题。它的算术解法是：（8+5）/（7 — 6）=13（强盗人数）；13×6+5=83（布匹数）。列出的公式是：（盈＋亏）/分差＝人数（单位数）

 一百和尚一百馒头

答案：将每个大和尚与4个小和尚分成一组（1大4小），问题化简为"5个和尚吃5个馒头"，而100/5=20，即说100个馒头可按每组5个而分成20组，这样得出：大和尚20人，小和尚20×4=80人。

 大小灯球

答案：可把一个大灯球下缀两个小灯球的当做鸡，把一个大灯球下缀四个小灯球的当做兔。（360×4 — 1200）/（4 — 2）=240/2=120（一大二小灯的盏数）；360 — 120=240（一大四小灯的盏数）。

 伙食经理的难题

答案：头脑简单的农夫的提法似乎非常荒谬，却是完全正确的：磨坊主应当获得七个钱币，而织匠仅仅得一个钱币。因为三个人都吃了等量的面包，则显然每份是8/3个大圆面包。磨坊主提供了15/3个面包，自己吃掉了8/3个，可见他供给经理吃了7/3个面包。而织匠提供的是9/3个面包，自己吃掉8/3个。仅仅供给经理1/3个面包。所以，两人供给经理的面包份额之比为7：1，

那就应按同样的比例来瓜分所得的八个钱币。

乔叟的难题

答案： 由于地心吸引力，水或别的液体的表面总是球面的一部分，而球越大，它的表面的曲率就越小，即凸起的程度越小。在山峰，任何器皿所盛液体的液面成为以地心为球心的球面的一部分，比起放在山谷的器皿的液面来说，球的半径大些，换句话说，在山峰水的球形表面凸出于器皿边缘的程度较低。因此，在山峰器皿容纳的水比在谷底器皿容纳的水要少一点点。

牧师的难题

答案： 这八座桥只是本教区的部分区域，并没有说河源就不在本教区内。因而，我们只能接受这唯一的说法——河是从本教区发源的。解法如下图所示。

值得指出，确切的条件不许我们绕过河口，因此应该说河流还要向南奔流数百里才入海，而世界上任何一个教区不会绵延数百里！

自耕农的难题

答案： 按下图的栽法，可以使得16棵树形成15行，每行4棵。

女修道院院长的难题

答案： 切尔茨修道院的神父是完全正确的。这奇形怪状的十字形可以分为四部分，再拼成正方形。分法和拼法如图所示。

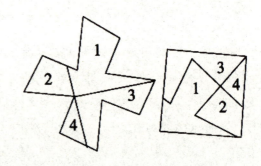

织匠的难题

答案： 如图所示，织匠把美丽的正方形织物按圆弧线剪开，就能得到同样尺寸与轮廓的 4 部分，每部分含有没剪坏的狮子与城堡图案各一个。

七位朋友

答案： 毫无疑问，这七位朋友经过若干天以后，有一个晚上在主人家里碰面。这一天追溯到第一位朋友开始访问的那个晚上，所经历的天数，一定能被2、3、4、5、6、7各数整除；换而言之，第一次与七个朋友碰面那一天，中间相隔的天数，应该是2、3、4、5、6、7各数的最小公倍数。不难求出这个数为420。每隔420天这七位朋友就将在主人家里碰面一次。

修道尼的难题

答案： 组成 CanterburyPilgrims 字

样的纸牌有18张，我们在圆圈内写上数字1到18，如图所示。然后我们在1处写上字母C，以下的字母按每隔两数的办法写出（注），到第二个R出现为止。请读者再将Y放在2，P放在6，I放在10，L放在14，G放在18，等等。完成这个程序，就会得到这样的排法：CYASNPTREIRMBLUIRG。再把牌依这个次序（从C到G，从上至下）叠起来即可。注：意思是1之后是3，3之后是5，等等。

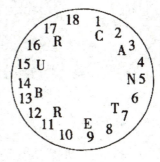

粗木匠的难题

答案： 木匠说，他做一个箱子，内部的尺寸精确得与最初的方木相同，即是3×1×1。然后，他把已雕刻好的木柱放入箱内，而在空档处塞满干沙土。然后，他细心地振动箱子，使得箱内沙土填实并与箱口齐平。然后，木匠轻轻取出木柱，不带出任何沙粒，再把箱内的沙土捣平，量出其深度便能证明，木柱能占的空间恰为2立方英尺。这就是说，木匠砍削掉一立方英尺的木材。

饰壁匠的难题

答案： 将花毯按左下图粗线所示剪成三块，再如右下图拼合。花纹图案也应注意正确的摆法。这种剪法符合题目所要求的，使得三块中的两块所含小方格的数量多，另一块最小（在题目的条件下它仅由12个小方格组成）。

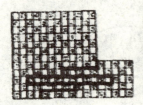

泰巴的难题

答案： 由泰吧旅店快乐的东家提出的难题，比其他朝圣者的难题更通俗。

"我看，我的殷勤的老爷们，"他扬声说，"太妙啦，我的小小诡计把你们的头脑弄糊涂了。要在这两个盅子里都斟上一品脱酒，不许用其他任何容器帮助，这对我来说是毫不困难的。"

于是，泰巴旅店的老板开始向朝圣者们解释，怎样完成这最初认为简直不能解决的问题。他立刻把两个盅子都斟满，然后将龙头开着让桶里剩下的啤酒都流到地板上（对于这种做法，同伴们坚决提出抗议。但机智的老板说，他确切知道原来桶内的啤酒量比八品脱多不了多少。请注意，流尽的啤酒量不影响本题的解）。他再把龙头关上；并将三品脱盅子内的酒全部倒回桶中，接着把大盅子的酒往小盅子倒掉三品脱，并把这三品脱酒倒回桶中，他又把大盅剩下的两品脱酒倒往小盅，把桶里的酒注满大盅（五品脱），这样，桶里只剩一品脱。他再把大盅的酒注满小盅（只能倒出一品脱），让同伴们喝完小盅里的酒，然后从大盅往小盅倒三品脱，大盅里剩下一品脱，又喝完小盅的酒，最后把桶里剩的一品脱酒注入小盅内。这样朝圣者们怀着极大的惊讶与赞叹之情，发现在每个盅子里现在都是一品脱啤酒。

牛津学者的难题

答案： 如图所示，按下列方法将正方形分为4块再拼成正方形，每行、每列及每条对角线上的和都是34。

1	15	5	12
8	10	4	9
11	6	16	2
14	3	13	7

1	11	6	16
8	14	3	9
15	5	12	2
10	4	13	7

巴茨商人妇的难题

答案：当时，巴茨商人妇与她的丈夫刚好在同一个房间里，而下命令的是她丈夫。

 磨坊主的难题

答案：应按这样的次序摆放麻袋：2，78，156，39，4。这样，两旁的两对相邻数的乘积都等于正中间的数，并且共计移动了五个麻袋。还有三种别的摆放麻袋的办法（4，39，156，78，2；3，58，174，29，6；6，29，174，58，3），但都需要移动七个麻袋。

 前额上系的是什么牌

答案：D的前额系的是白牌。

分析过程如下：

（1）推知E前额上系的是什么颜色的圆牌。

E说："我看见四块白牌。"如果E说的是真话，那么A、B、C、D四个人讲的全是真话，这样，他们应该都说："我看见四块白牌。"但是事实上，A、B、C都没有这么说，可见，E说的不是真话。即E前额上系的是黑牌。

（2）推知B前额上系的是什么颜色的圆牌。

B说："我看见四块黑牌。"如果B说的是真话，首先可以得出两个矛盾的结论。一方面，如果B说的是真话，C一定是系黑牌的（除B以外的A、C、D系的都是黑牌）；另一方面，如果B说的话是真的（系的是白牌），那么，C说的"我看见一块白牌和三块黑牌"这句话也是真的（即系白牌）。根据归谬式推理（如果甲，那么乙；如果甲，那么非乙；乙而且非乙恒假；所以非甲）。B说真话是不可能的，即B系的是黑牌。

（3）推知A前额上系的是什么颜色的圆牌。

A说："我看见三块白牌和一块黑牌。"如果A说的是真话，那么五个人中只有一个挂黑牌。但是，以上已推知B、E系的是黑牌。所以，A说的不可能是真话。因此，A系的也是黑牌。

（4）推知C、D前额上系的是什么颜色的圆牌。

C说："我看见一块白牌和三块黑牌。"假定C的这句话为假，那么D系的应该是黑牌（因为如果D系的是白牌，那么C说的便是真话了）。如果D系的是黑牌，那么E说的"我看见四块黑牌"就成了真话。但是上面已推知B说的是假话，所以C说的是假话这个假设是不能成立的。既然C说的"一块白牌和三块黑牌"是真话，且已知A、E系的都是黑牌，即可以推知D系的是白牌。

不同部落间的通婚

答案：
A是母亲，是个前普卡。
B是父亲，是个前沃汰沃巴。
C是儿子，是个西利撒拉。
A是塞西尔，部落号为66。
B是酉德尼，部落号为44。
C是伊夫琳，部落号为54。

五个人彼此之间的关系

答案： 约翰：全是真实情况。
詹姆斯：全是假的。
南希：真、假、真。
露西：真、假、真。
帕米拉：全是真实情况。帕米拉是南希的母亲；约翰与露西是兄妹；约翰娶了他的表姐妹南希为妻，他们有一个儿子叫詹姆斯。

衣着规定

答案： 将所列条件加上"如果……那么……"，问题就方便多了：

①如果穿燕尾服，那么一定是超过16岁的。

②如果戴大礼帽，那么就是超过15岁的。

③如果星期六下午观看棒球比赛，那么就戴大礼帽，或穿燕尾服，或两者俱全。

④如果带伴，或超过16岁，或既带伴又超过16岁，那么就不准穿毛衣。换句话说，如果穿毛衣，那就既不带伴，又不超过16岁。

⑤如果看球赛，那就穿毛衣。

所以，星期六下午看球赛的男生穿戴情况：

根据⑤，穿毛衣。

根据④，不带伴，不超过16岁。

根据①，不穿燕尾服。

根据③，戴大礼帽；

根据②，超过15岁。

四位古希腊少女

答案： 预言家是四位少女中的一个，她或者是阿尔法，或者是贝塔，或者是伽玛，或者欧米伽。

假设：贝塔的预言是正确的。如果贝塔的预言正确，那么伽玛将成为特尔斐城的预言家。这样，伽玛的预言也是正确的。结果就将有两个是预言家。这是不符合题设条件的。因此，贝塔的预言是错的，她后来没有当上预言家。

因为贝塔的预言是错的，所以伽玛后来也没有当上特尔斐城的预言家。伽玛的预言也是错的。伽玛曾经预言："欧米伽不会成为竖琴演奏家。"既然这个预言是错的，那么欧米伽日后将成为竖琴演奏家，而不是预言家。排除了贝塔、伽玛、欧米伽，只能推出预言家是阿尔法。

因为欧米伽的预言是错的，所以后来她没有同名叫阿特克赛克斯的男人结婚。

移动干酪

答案：一共要挪60次：1→b，2→c，1→c，3→b，1→a，2→b，1→b，4→c，1→c，2→a，1→a，3→c，1→b，2→c，1→c，5→b，1→a，2→b，1→b，3→a，1→c，2→a，1→a，4→b，2→c，1→c，3→b，1→a，2→b，1→b，6→c，1→c，2→a，1→a，3→c，1→b，2→c，1→c，4→a，1→a，2→b，1→b，3→a，1→c，2→a，1→a，5→c，1→c，2→b，1→b，3→c，1→a，2→c，1→c，4→b，1→b，1→b，2→a，1→a，3→b。

病人搬家

答案：必须搬10次：A到急诊病房，C到4号，D到2号，B到1号，A到3号，C到急诊病房，D到4号，B到2号，A到1号，C到3号。

电话号码是多少

答案：设旧号码是用ABCD，那么新号码是DCBA，已知新号码是旧号码的4倍，所以A必须是个不大于2的偶数，即A等于2；4×D的个位数若要为2，D只能是3或8；只要满足：$4×（1000×A+100×B+10×C+D）=1000×D+100×C+10×B+A$

经计算可得D：8，C：7，B：1，所以新号码是8712，正好是旧号码2178的4倍。这个题只能有这一种答案。

恐怖隧道

答案："红头发"是多拉的外号。隧道里一共有11节小车，题中提到的几位乘客，乘坐的位置如下图所示。

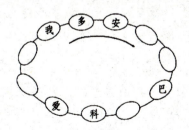

巧妙的安排

答案：国务大臣应把格林高里安排在第二个座位上。无论两个骰子的和是多少，格林高里都不可避免地要在计算过程中被淘汰掉。

GLASGOW趣题

答案：只需要走8步。两个G哪个做字头都可以。如用下面的G作字头，按下列顺序移动字母就可以达到目的：GASLSAGO

字母与价格

答案：字母码用的单词是：
P R O F I T A B L E
1 2 3 4 5 6 7 8 9 0

一台磅秤

答案：首先把称得的10个数字相加，得到的1156千克即是各个口袋重量之和的4倍，这是因为每个口袋都称了4次。把1156千克除以4，得知五个口袋共重289千克。为方便起见，把五个口袋按重量大小依次用字母代表：最轻的一个口袋为A号，次轻一个口袋为B号……最重的一个口袋为E号。不难理解，在110、112、113、114、115、116、117、118、120、121这10个数字中，第一数字是两个最轻的口袋（A、B）的重量之和，第二个数字是A、C两个口袋的重量之和，……最后一个数字（121）则是最重的两个口袋D、E的重量之和；倒数第二个数字是C、E两个口袋的重量之和，即：

A+B=110（千克）……（1）
A+C=112（千克）……（2）
C+E=120（千克）……（3）
D+E=121（千克）……（4）

由此，不难算出A、B、D、E这四个口袋的总重为110+121=231（千克）。从五个口袋的总重量与这个重量之差，即可求得C的重量为289－231=58（千克）。把C的值代入（2）、（3）两式，分别得出A=54（千克），E=62（千克）。再把A、E的值分别代入（1）、（4）两式，即可求得B=56（千克），D=59（千克）。

至此，各袋的重量分别求出，依次是：54千克，56千克，58千克，59千克，62千克。

要求加薪

答案：工资每镑提高5便士要比拿加班工资强一些。为了计算简便起见，假定一个人每小时的工资是1镑，即每星期是 44 镑。如拿加班工资，他则按 1 小时 1 镑收入 40 小时的工资，即 40 镑，外加 4 个小时，每小时 1.5 镑即 6 镑，总计 46 镑。

但如按工资每镑提高 5 便士则意味着 44 小时，每小时 1.05 镑即 46.20 镑。

公寓的住客

答案： 三家房客的名、姓和所住的层次如下：

罗杰·沃伦和诺玛·沃伦夫妇住在顶层；珀西·刘易斯和多丽丝·刘易斯夫妇住在二层；吉姆·莫顿和凯瑟琳·莫顿夫妇住在底层。

聪聪与早早

答案： 不管这条街上有多少户人家，聪聪总比早早多送八户人家的报纸。

五束玫瑰花

答案： 姑娘们所得到的花束中，各色花朵的数量如下表：

	黄色	粉色	白色	红色
艾丽斯	5	1	1	1
巴巴拉	2	1	3	2
克莱尔	1	1	3	3
黛安娜	1	4	2	1
埃菲	1	3	1	3

驱车寻宝活动

答案： 小威尔金斯走的路线是：A-G-M-D-F-B-R-W-H-P-Z。只有按这条路线走，才能做到从 A 村到 Z 村每个村上走一次而不重复。

小圆圈组成的迷宫

答案： 唯一的通路是从外围标有 4 字的开口圆圈出发，以后每一步都顺着标有 4 字的圆圈向前走。

炮舰外交

答案： 普左罗岛国的周长是 200 哩。两艘舰同时出发，走了 40 哩后，护航舰将它剩下燃料的一半装给旗舰，然后返回港口。护航舰重新装好燃料后，从相反的方向去接快要耗尽燃料的旗舰，这时旗舰离港口还有 40 哩。护航舰将自己剩下燃料的一半再装到旗舰上去，两艘舰一起返回港口，抵达时燃料也正好用完了。

打铁罐比赛

答案： 要想使三枪得分的总和正好是 50，唯一的办法是先打掉右边一摞的 7 号罐，然后打掉左边一摞的 8 号罐，最后打掉右边一摞已经露在上面的

9 号罐。

第一枪得 7 分；第二枪得 8×2=16 分；第三枪得 9×3=27 分。

这样，共得 50 分。

美丽的金发姑娘

答案：番茄酱＋香肠 =27 便士；泡泡脆＋烤蚕豆 =14.5 便士；烤蚕豆＋番茄酱 =15.5 便士；蜂蜜＋泡泡脆 =28.5 便士。

以香肠价格为参考值，则番茄酱 =27 － 香肠；蜂蜜 =2.5＋香肠；泡 11.5。通过计算，即可求得各项食

[解一] 番茄酱：10.5 便士；香肠：16.5 便士；泡泡脆：9.5 便士；烤蚕豆：5 便士；蜂蜜：19 便士。

[解二] 番茄酱：12.5 便士；香肠：14.5 便士；泡泡脆：11.5 便士；烤蚕豆：3 便士；蜂蜜：17 便士。

[解三] 番茄酱：9.25 便士；香肠：17.75 便士；泡泡脆：8.25 便士；烤蚕豆：6.25 便士；蜂蜜：20.25 便士。

已知"我"总共付出了 24 便士，因此，买的是一罐烤蚕豆和一罐蜂蜜；或者番茄酱和泡泡脆；或者烤蚕豆和香肠。

河马

答案：其实办法很简单。收税官先单独把河马放在华丽的彩船上，在船的外侧标上水位记号。然后他将河马驱离彩船，再往彩船里装金币，直至金币装到水位达到刚才做标记的地方。这样一来，船上装的金币重量肯定等于河马的体重了。

吊在半空中的管理员

答案：他是这样做的：他利用梯子把绳子的一头系在顶梁上，然后把梯子移到了门外。回来时带进一块巨大的冰块，这冰块是事先放在冷藏库里的。他立在冰块上，用绳子把自己系好，然后等时间。

第二天当侍者发现他的时候，冰块已完全都融化了，管理员就此被吊在半空中。他真狡猾，是吗？

药品

答案：有可能的。

布莱克小姐的妙主意是：把十瓶药品编上 1～10 的号码。从第一瓶中取出一粒，从第二瓶中取出两粒，从第三瓶中取出三粒，依此类推，直至从第十瓶中取出十粒。

这55粒药丸的规定重量应该是5500毫克，如果总重量超过10毫克，则其中有一粒是超重的，那么就可以断定第一瓶是不合格的，如果总重量超过20毫克，则其中有两粒超重，可以断定第二瓶是不合格的。其余的可以依此类推。所以布莱克小姐只要称一次就可以找出那瓶不合格的药品来。

 乐队到底有多少人

答案： 乐队总人数分别除以2、3和4以后，都有一个余数。符合这一条件的最小数字，一定比2、3、4的最小公倍数大1。2、3、4的最小公倍数为12，任何一个比12的整数倍大1的数，被2、3和4除，都有余数1。

而当乐队以5人一排行进时，没有余数。可见，总人数还必须恰好能被5整除。我们可从下列数列中找出能被5整除的数：13、25、37、49、61、73、85、97、109、121、133、145……对一个中学乐队来说，145人似乎太多了。所以尼克松中学的乐队人数，应当是85人或者25人。

 一半唱片

答案： 海伦原有的唱片数是个奇数，从成奇数的唱片中取一半再加上半张唱片，一定是个整数。

因为海伦在把唱片送给乔以后只剩下了一张唱片，所以，可以推知在她把唱片送给乔之前，有三张唱片。三张的一半是1.5张，再加上半张，她送给乔的唱片一定是两张，自己还留下了一张完整的唱片。

现在再回过头来计算，就不难算出她原来有七张唱片，送给苏席的是四张。

 等电车

答案： 弟弟向后走了一会儿，就看见迎面驶来的电车，跳了上去。这辆车驶到大哥等车的车站，大哥跳了上来。过了不久，这辆车赶上了二弟，也让他上了车。兄弟三人都坐在同一辆车上，当然都是同时回到家里。

可是最聪明的是大哥，他安逸地留在车站上等车，比两个弟弟少走了一段路。

 分苹果

答案： 把每个苹果平均分成4份，9个苹果就有36块，12名少先队员每人就可以得到3块。

或者：把6个苹果每个切成两半，

得 12 个半边苹果。另 3 个苹果每个切成 4 等分，得 12 个 1/4 苹果。给每个少先队员发一个半边苹果和一个 1/4 苹果，得 1/2+1/4=3/4 苹果。

用同样方法使 12 名少先队员平均分配 7 个苹果而不必把任何一个苹果切成多于 4 块。我们可把 3 个苹果各切成 4 份，其他 4 个苹果各切成 3 份，得到 12 个 1/4 和 12 个 1/3。这样，就可每个人发给一个 1/4 和一个 1/3 了，即 7/12 了。

怎样分配

答案： 多数人解这道题时都回答说。放 200 克米的人应得 0.2 元，放 300 克米的人应得 0.3 元。这种分配方法是完全没有根据的。

正确的分配是：交的 0.5 元是一个人的饭费。三个人吃饭，全部饭费（500 克）就应是 1.5 元。放了 200 克米的人，折合钱数应是 0.6 元（因为 100 克值 1.5 元 /5=0.3 元）。他既吃掉了 0.5 元，还应付给他 0.1 元。而放了 300 克米（即折合钱数 0.9 元）的人应收回 0.9 − 0.5=0.4（元）。

因此，交来的 0.5 元中，一个人得 0.1 元，另一人得 0.4 元。

牛群

答案： 用算术的方法（即不使用方程式）解答这道题目，要从末尾开始。

最小的儿子得到的牛数，应等于儿子的人数；牛群余数的 1/7 对他来说是没有份的，因为在他之后，已经没有剩余的牛了。

接着，老人的一个儿子得到的牛数，要比儿子人数少 1，并加上牛群余数的 1/7。这就是说，最小的儿子得到的是这个余数的 6.7。

从而可知，最小的儿子所得牛数应能被 6 除尽。

假设最小的儿子得到了 6 头牛，那就是说，他是第六个儿子，那人一共有六个儿子。第五个儿子应得 5 头牛加 7 头牛的 1/7，即应得 6 头牛。现在，第五、第六两个儿子共得 6+6=12 头牛，那么第四个儿子分得 4 头牛后牛群的余数是 12/（6/7）=14 头牛，第四个儿子得 4+14/7=6 头牛。

现在计算第三个儿子分得牛后牛群的余数：6+6+6 即 18，是这个余数的 6/7，因此，全余数应是 18/（6/7）=21。第三个儿子应得 3+21/7=6 头牛。

用同样方法可知，长子、次子各得牛6头。

我们的假设得到了证实，答案是共有六个儿子，每人分得6头牛，牛群共由36头牛组成。有没有别的答案呢？假设儿子数不是6，而是6的倍数12。但是，这个假设行不通。6的下一个倍数18也行不通。再往下就不必费脑筋了。

三个侦察兵

答案：要往返过渡六次：

第一次：两个孩子乘小船到对岸，由一个孩子把船划回侦察兵所在地方（另一个孩子留在对岸）。

第二次：把船划过来的孩子留在岸上，第一位侦察兵划小船到对岸登陆，再由对岸的孩子把船划回来。

第三次：两个孩子乘船过河，其中之一把船划回来。

第四次：第二位侦察兵划船过河，再由对岸的小孩把船划回来。

第五次：同第三次。

第六次：第三位侦察兵过河。小孩把船划回来。于是，两个孩子又可继续在河上划船玩了。三位侦察兵也都渡到河的对岸。

房间怎样分配

答案：问题在于没有给第二位旅客安排房间。服务员给第一位和第十一位客人安排了1号房间，然后立即为第三位客人进行安排，把第二位忘记了。就因为这样，这个根本不可能解决的难题才被"解决"了。

小人国的牛羊

答案：由题目可知：格列佛的体积是小人国人的1728倍（12×12×12）。不用说，他的体重自然也是小人国人的1728倍了。想用小人国的马来搬运他的身体，其难度相当于搬运1728个健壮的小人国人。从而可以理解，何以搬运格列佛要套上这么多的小人国的马。

小人国的牲畜的体重是我们的牲畜体重的1/1758。

我们的牛，一般高1.5米，约重400公斤。计算下来，小人国的牛高只有12厘米，重只有400/1728公斤，即不及1/4公斤。很明显，这玩具一般的牛，只要愿意的话，是可以放到衣袋里去的。

 太硬的床铺

答案:《格列佛游》里的计算是正确的。小人国褥子的长和宽,均只有我们的 1/12;因此,它的面积是我们褥子的 1/144,要使格列佛躺得下来,就得有 144 个(书里是 150 条)小人国用的褥子。可是这种褥子太薄了,只有我们褥子厚度的 1/12。为什么这种褥子就连铺四床也不够软,是因为四层小人国的褥子也只有我们褥子的 1/3 厚。

 格列佛的口粮和午餐

答案:虽然他的高度只相当于小人国人的 12 倍,但是格列佛的体积是小人国人的 1728 倍,他的体重也是小人国人的 1728 倍。所以要给他定下这么大的一份口粮;服侍格列佛一个人就餐,要安排这么多的佣人。

思维达人

思维训练指数：☆☆☆☆☆

　　本部分为思维游戏的终极阶段，其中这些充满奇思妙想的思维谜题游戏，融知识性、趣味于一体，需要你的注意力、创造力、逻辑性以及瞬间洞察事实真相等思维的综合能力来解决，通过这些游戏的训练，你的左、右脑被全面开发。如果你苦思冥想却不得其解，就算你进行一次创意思考之旅，好好地享受吧，它将会给你带来冲破思维局限后的喜悦，更重要的是你将发现在游戏中，你会得到更多的视角和解决问题的能力！

去钓鱼

五个住在海边宾馆的人决定去水上平台钓鱼，他们紧挨着坐在一起，每个人用的鱼饵不同，钓到的鱼的数量也不同。

已知：

① 亨利是个管道工人，他钓到的鱼比迪克少 1 条。

② 紧挨着银行家的是电气技师，他用面包做鱼饵。

③ 坐在最北边的是银行家，他紧挨着佛瑞德。

④ 推销员只钓到 1 条鱼，他坐在水上平台的最南边。

⑤ 迈克姆用肉做鱼饵，来自奥兰多的那个人钓到了 15 条鱼。

⑥ 来自纽约的人用小虾做鱼饵，坐在他旁边的人只钓到一条鱼。

⑦ 乔来自洛杉矶，用蚯蚓做鱼饵。

⑧ 坐在中间的人来自图森，用蛆做鱼饵。

⑨ 银行家钓到了 6 条鱼。

⑩ 坐在中间的是迪克，他与来自圣路易斯的那个人隔了两个位子。

⑪ 坐在来自纽约的那个人旁边的人钓到了 10 条鱼，他是位教授。

⑫ 亨利没有坐在乔的旁边。

请推算出每个人的家乡、职业、所用的鱼饵和钓到的数量。

提示：分析法

 宗教家与哲学家

一甘、二静、三心、四忆、五玛是 5 个特立独行的人。其中，有 2 个是绝对不说谎话的宗教家；有 3 个是有时会说真话，有时会说谎话的哲学家。

某天，他们分别对对方做出了如下描述：

一甘：二静绝对不说谎话。

二静：三心说谎。

三心：四忆说谎。

四忆：五玛说谎。

五玛：二静说谎。

一甘：五玛从没有说过一句谎话。

五玛：三心说谎。

请问，5 个人当中谁是宗教家？谁是哲学家？

提示：假设法

 武林高手

郭静、黄容和洋果是 3 位武林高手，分别擅长轻功、暗器、剑法、拳脚、内功和点穴的两门功夫，但确定的对应关系并不清楚。

某天，他们 3 个合开道场，分别传

授自己擅长的两门功夫。

已知：

①剑法老师和暗器老师有心结。

②黄容最年轻。

③郭静经常对拳脚老师和暗器老师抱怨学生的素质不好。

④拳脚老师比轻功老师年纪大。

⑤黄容，内力老师和轻功老师3人经常一起切磋武艺。

请问，他们3人分别擅长哪两门功夫？

提示：递推法

 发圈的颜色

李老师在一个不透明的箱子里放进三红两蓝共5个发圈，并叫秒力、关秒、百合三个人面向墙壁站成一行纵队。

随后，李老师把手伸进箱子里随机抽出其中3个发圈，分别用它们给站成一直线的三个人绑马尾。这是，排队的人都只能看到前面的人（如果有的话）所绑的颜色，而看不到自己的发圈的颜色。

李老师问站在队伍最后面的秒力知不知道自己所绑发圈的颜色？秒力看了看前面2个人头上的发圈后说："不知道！"

李老师再问站在中间的关秒知不知道自己所绑发圈的颜色？关秒看了看前面的人头上的发圈后说："不知道！"

想不到这时站在最前面的百合，竟然非常有把握地说："老师，我知道我头上发圈的颜色！"

请问，百合头上绑的什么颜色的发圈？她又是如何知道的？

提示：假设法

 秤罐头

有10箱罐头，这10箱罐头每箱都是20盒，每盒有1斤。但其中有一箱，每盒只有9两。现在只有一个秤，而且只准秤一次，就要把有问题这箱找出来。你有什么办法？

提示：分析法

🎈 乒乓球问题

假设排列着100个乒乓球，由两个人轮流拿球装入口袋，能拿到第100个乒乓球的人为胜利者。条件是：每次拿球者至少要拿1个，但最多不能超过5个，问：如果你是最先拿球的人，你该拿几个？以后怎么拿就能保证你能得到第100个乒乓球？

提示：倒推法

鸽子与猫

A，B，C，D和E这五个单身汉是养鸽迷，每人都有一只心爱的鸽子。而有五位女士是养猫迷，后来这五个单身汉分别与那五位女士结婚了，为了使A，B，C，D，E这五个人的鸽子不被猫吃了，他们都小心地看着自己的宠物。结果是，他们之中虽然每对夫妻自己的猫和鸽子相安无事，但最终每只猫都吃掉了一只鸽子。五个男人都失去了自己心爱的鸽子。

事实上，A夫人的猫吃了某位先生的鸽子，正是这位先生和吃了E先生的鸽子的猫的主人结了婚。A先生的鸽子是被B夫人的猫吃了，D先生的鸽子是被某位夫人的猫吃了，正是这位夫人和被C夫人的猫所吃掉的鸽子的主人结了婚。

问：D夫人的猫吃了谁家的鸽子？

提示：假设法

应该让谁去

警长接到一项任务，要在代码为A，B，C，D，E，F的六个队员中选若干人去完成这项任务。人选的配备要求，必须满足以下提示各点：

①A，B两人中至少去一个人；

②A，D不能一起去；

③A，E，F三人中要派两人去；

④B，C两人都去或都不去；

⑤C，D两人中去一人；

⑥若D不去，则E也不去。

问：应该让谁去？

提示：假设法

小木晨藏尸案

登山家王四强的尸体于2月23日下午5点30分被人发现在雪山上的一间小木屋里。赶到小木屋的警察，除了勘验尸体，也一面搜查凶手的行踪！根据尸体的解剖，其死亡时间在当日1点30分至2点30分。而山庄的老板表示2点整曾和王四强通过电话，这样一来，其死亡时间范围更缩小了！经过调查，涉嫌者有三名。他们也都是登山好手，和王四强同在一家登山协会，听说最近为了远征喜马拉雅山的人选及女人、借款的关系，分别和王四强发生过激烈的冲突。为了避免火爆场面，三人都换到山庄去住，只留王四强一人在木屋里。张晓明服务于证券公司，正午时离开小屋，沿着山路下山，5点多到达旅馆。走这段路花5小时20分算是脚程相当快的人，最快的纪录是4小时40分。另外服务于杂志社的刘力山和贸易公司的范博1点30分一同离开小屋子。到一条分岔路时，刘力山就用制动滑降往下滑，4点整到达山庄。范博利用制动滑降一段距离后，本打算再滑雪下去，怎奈滑雪工具不全，只好走下山，到达山庄已经8点多了。他在上一次登山中，弄伤了腿，所以从滑雪处走到山庄行动不便，全程计算起来至少要花6小时！范博说遗失的滑板后来在山庄附近的树林中被发现。他们都和死者一起来登山，所以这三个人中必定有一个是凶手，到底是谁呢？

提示：分析法

 结婚对象

有五男（财元、广金、昭才、晋宝、添丁），五女（萍安、吉祥、好韵、福气、喜悦），将在星期一到星期五之间的某一天结婚。

已知：

①每对新人结婚的日期都不一样。

②萍安将于星期一结婚，但添丁不是。

③昭才和广金分别于星期三及星期五结婚，但喜悦不是。

④晋宝即将迎娶好韵，并且比福气晚一天结婚。

请问，到底谁要和谁结婚？并各在星期几结婚？

提示：递推法

 遗产的分配

有个在写遗嘱的人有五个可能的继承者——S、T、U、V和W。遗产分为七块土地，编为1～7号。七块土地将按以下条件分配：

①没有一块地可以合分，没有一个继承者可继承三块以上土地；

②谁继承了2号地，就不能继承其他地；

③没有一个继承者可以既继承3号地，又继承4号地；

④如果S继承了一块地或数块地，那么U就不能继承；

⑤如果S继承2号地，那么T必须继承4号地；

⑥W必须继承6号地，而不能继承3号地。

[问题]

1.如果S继承了2号地，那么谁必须继承3号地？

（1）S；（2）T；（3）U；（4）V；（5）W。

2.如果S继承了2号地，其他三位继承者各继承两块地，那么三人当中没人能同时继承下列哪两块地？

（1）1号地和3号地；（2）1号地和6号地；（3）1号地和7号地；（4）4号地和5号地；（5）6号地和7号地。

3.如果U和V都没有继承土地，谁一定继承了三块土地？

（1）只有S继承了三块地；（2）只有T继承了三块地；（3）只有W继承了三块地；（4）S和T每人都继承了三块地；（5）S和W每人都继承了三块地。

提示：递推法

野餐后的游戏

在一次野餐后，I、J、K、L、M、N和O七个人玩了三种游戏。这三种游戏是：掷铁蹄、打排球、捉人。掷铁蹄游戏必须有3～4人一起玩；排球必须有4人或6人参加；捉人游戏必须有2人以上一起玩。

游戏还有以下条件限制：①每人必须参加三种游戏中的两种；②I必须玩掷铁蹄游戏；③K必须玩捉人游戏；④N必须打排球；⑤M必须参加I玩的两种游戏；⑥O必须参加L玩的两种游戏。

[问题]

1.如果K和N玩的两种游戏相同，下列哪一个判断是错误的？

（1）I玩掷铁蹄游戏；（2）N玩掷铁蹄游戏；（3）K玩捉人游戏；（4）N玩捉人游戏；（5）K打排球。

2.如果I和N玩捉人游戏，且有四个人玩掷铁蹄游戏，除了I和M外，还有谁参加掷铁蹄游戏？

（1）J和K；（2）J和N；（3）K和N；（4）K和O；（5）L和N。

3.如果N是唯一既玩掷铁蹄又打排球的人，那么，下列哪个断定肯定是对的？

（1）L玩掷铁蹄游戏；（2）M打排球；（3）K打排球；（4）N玩捉人游戏；（5）I玩捉人游戏。

提示：综合法

七人游泳比赛

P、Q、R、S、T、U和V七个人自始至终参加一系列的游泳比赛，游到终点时，没有任何两个人游的速度一样。现已知如下条件：

①V总是游在P之前；②P总是游在Q之前；③或者R第一名，T最后一名；或者S第一名，U或Q最后一名。

[问题]

1.在一次比赛中，如果V是第五名，下列哪一条一定是对的？

（1）S第一名；（2）R第二名；（3）T第三名；（4）Q第四名；（5）U最后一名。

2. 在一次比赛中，如果R是第一名，V最差是第几名？

（1）第二名；（2）第三名；（3）第四名；（4）第五名；（5）第六名。

3. 在一次比赛中，如果S是第二名，下列哪一条有可能是对的？

（1）P在R之前；（2）V在S之前；（3）P在V之前；（4）T在Q之前；（5）U在V之前。

4. 在一次比赛中，如果S是第六名，Q是第五名，下列哪一条有可能是对的？

（1）V第一名或第四名；（2）R第二名或第三名；（3）P第二名或第五名；（4）U第三名或第四名；（5）T第四名或第五名。

5. 在一次比赛中，如果R是第二名，Q是第五名，下列哪一条必定是对的？

（1）S是第三名；（2）P是第三名；（3）V是第四名；（4）T是第六名；（5）U是第六名。

提示：递推法

议案的表决

有H、J、K、L、M、N和O等七位议员能参加1号、2号、3号议案的表决。按议会规定，至少有四位议员投赞成票，一项议案才能通过。每个议员都必须对这三项议案作出表决，不可弃权。已知：

①H反对这三项议案；

②其他每位议员至少赞成一项议案，也至少反对一项议案；

③J反对1号议案；

④O反对2号和3号议案；

⑤L和K持同样态度；

⑥N和O持同样态度。

[问题]

1. 下列哪位议员一定赞成1号议案？

（1）J；（2）K；（3）L；（4）M；（5）O。

2. 2号议案能得到的最高票数是：

（1）2；（2）3；（3）4；（4）5；（5）6。

3. 下面的断定中，哪一个是错的？

（1）J和K同意同一议案；（2）J和O同意同一议案；（3）J一票赞成，两票反对；（4）K两票赞成，一票反对；（5）N一票赞成，两票反对。

4. 如果三个议案中某一个议案被通过，下列哪一位议员肯定投赞成呢？

（1）J；（2）K；（3）M；（4）N；

（5）O。

5.如果M的表决跟O一样，那么，我们可以确定：

（1）1号议案将被通过；（2）1号议案将被否决；（3）2号议案将被通过；（4）2号议案将被否决；（5）3号议案将被通过。

6.如果K赞成2号和3号议案，那么，我们可以确定：

（1）1号议案将被通过；（2）1号议案将被否决；（3）2号议案将被通过；（4）2号议案将被否决；（5）3号议案将被通过。

提示：分析法

 杂技演员叠罗汉

五个成人杂技演员M、N、O、P、Q和五个儿童杂技演员V、W、X、Y、Z，按以下规则在进行四层叠罗汉表演。

①第一层，即最底层有四个人，第二层有三个人，第三层有两个人，第四层，即最高的一层只有一个人；

②除了第一层的演员站在地上，其他人都站在下一层相邻两人肩上；

③任何一个杂技演员摔倒时，站在他肩上的其他两个杂技演员同时摔倒；

④儿童杂技演员既不能站在底层，

也不能站在双肩都被其他杂技演员踩的位置上。

[问题]

1.如果X站在V的肩上，且M和W肩并肩地站在同一层，那么下面哪种排列可能是第二层的排列？

（1）V、M、W；（2）V、W、M；（3）X、M、W；（4）Y、N、Z；（5）Y、O、V。

2.如果Q和W站在N的肩上，这时M跌倒了，M跌倒后会造成其他人的跌倒，那么不跌倒的还剩下哪些人？

（1）N、O、P、Q、V和W；（2）N、O、P、V、X和Y；（3）N、P、V、W、X和Y；（4）O、P、Q、V、X和Y；（5）O、P、Q、W、X和Y。

3.如果V和W站在不同的层次上，且X和Z站在同一层，那么Y可以站在哪几层？

（1）第二层；（2）第三层；（3）第四层；（4）第二层、第三层；（5）第三层、第四层。

4.如果V和W站在O的肩上，且M、N和P站在同一层，同时M是N和P之间唯一的一个演员，那么下列哪一判断肯定正确？

（1）如果M跌倒，那么所有的五个儿童演员也一定跌倒；（2）如果N

跌倒,那么肯定有四个儿童演员也同时跌倒;(3)如果O跌倒,那么肯定有两个儿童演员也同时跌倒;(4)如果P跌倒,那么肯定有三个儿童演员也同时跌倒;(5)如果Q跌倒,那么肯定有三个儿童演员也同时跌倒。

5.如果W站在V的肩上,V站在M的肩上,那么下列哪一推断不可能正确?

(1)N和V肩并肩地站在同一层上;(2)W和X肩并肩地站在同一层上;(3)X和Y肩并肩地站在同一层上;(4)M站在N和P那一层,而且是唯一站在他们之间的杂技演;(5)M站在Y和Z那一层,而且是唯一站在他们之间的杂技演员。

6.如果W站在N和P的肩膀上,X站在M和V的肩膀上,那么下列哪一推断肯定正确?

(1)M站在V和W那一层,并且是惟一站在他们之间的杂技演员;(2)N站在P和Q那一层,并且是推一站在他们之间的杂技演员;(3)O站在P和Q那一层,并且是惟一站在他们之间的杂技演员;(4)Q站在N和O那一层,并且是惟一站在他们之间的杂技演员;(5)P站在N和O那一层,并且是惟一站在他们之间的杂技演员。

7.如果N和Y站在M的肩上,Z站在P和O的肩上,那么下列哪一对演员肯定肩并肩地站在同一层上?

(1)M和O;(2)M和P;(3)N和Z;(4)P和Q;(5)W和X。

提示:演绎法

五人组合的乐队

一个乐队由杰克、凯伦、路易丝、马克和南希五个人组成。每当他们演出时,每人演奏下列五种乐器——班卓琴、鼓、吉他、口琴和钢琴中的一种乐器。每场演出,五种乐器都得用上。已知:

①凯伦只能演奏班卓琴;

②杰克只能吹口琴;

③南希除钢琴不会演奏外,能演奏其他任何一种乐器;

④马克能弹吉他,也能击鼓,但不会演奏其他乐器;

⑤路易丝会演奏任何一种乐器。

[问题]

1.下列哪一判断有可能正确?

(1)马克在一场演出中击鼓;

(2)凯伦在一场演出中吹口琴;

(3)杰克在一场演出中弹钢琴;

(4)南希在一场演出中弹钢琴;

(5)路易丝在一场演出中吹口琴。

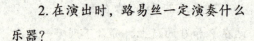
2.在演出时，路易丝一定演奏什么乐器？

（1）班卓琴；（2）鼓；（3）吉他；（4）口琴；（5）钢琴。

3.下列哪一判断肯定不能成立？

（1）杰克在一次演出中吹口琴；（2）凯伦在一次演出中弹钢琴；（3）南希在一次演出中击鼓；（4）马克在一次演出中弹吉他；（5）路易丝在一次演出中弹钢琴。

4.如果南希在一次演出中击鼓，那么谁弹吉他？

（1）杰克；（2）凯伦；（3）路易丝；（4）马克；（5）南希。

提示：递推法

三人成立委员会

三个妇女海伦、珍妮和苏，四个男人艾略特、乔治、伦纳德和罗伯特有资格被选入"三人委员会"，除了他们之外，没有合格人选。现已知如下条件：

①这些人中只有珍妮与乔治有亲戚关系；②有亲戚关系的人不能同时选入委员会；③罗伯特不能与任何妇女共事。

[问题]

1.如果珍妮被选入委员会，那么其余两人应从几人中挑选？

（1）2；（2）3；（3）4；（4）5；（5）6。

2.如果海伦和苏被选入委员会，那么下列哪一组名单是有资格当选委员会另一个成员的完整的准确的名单？

（1）珍妮；（2）珍妮，艾特，伦纳德；（3）艾特，乔治，伦纳德；（4）珍妮，乔治，艾略特，伦纳德；（5）珍妮，乔治，艾特，伦纳德，罗伯特。

3.如果艾略特和伦纳德拒绝参加委员会的工作，那么委员会的组合有几种可能？

（1）1；（2）2；（3）3；（4）4；（5）5。

4.如果再附另一个条件：委员会成员不能全部由同性人员组成；如果乔治被选入委员会，那么有可能当选另两位成员的候选人的总人数是多少？

（1）1；（2）2；（3）3；（4）4；（5）5。

5.如果再附加一个条件：委员会成员不能全部由同性人员组成，那委员会的组合有几种可能？

（1）6；（2）2；（3）3；（4）12；（5）14。

提示：分析法

根据条件排卡片

一张结婚卡，两张毕业卡，三张周年纪念卡，四张生日卡，被排成一个三角形；第一排一张卡片，第二排两张卡片，第三排三张卡片，第四排四张卡片。它们的排列须根据下列条件：

①第四排没有生日卡。②每排相同内容的卡片不得超过两张。③生日卡不能与周年纪念卡放在同一排。

[问题]

1. 下列哪一种排列符合以上条件？

（1）每排有一张生日卡；（2）第一、第二、第三排各有一张周年纪念卡；（3）所有的生日卡和毕业卡都放在前三排；（4）所有的生日卡放在第二排和第三排；（5）第三排内有两张周年纪念卡。

2. 第二排必须由下列哪几张卡片组成？

（1）两张生日卡；（2）两张周年纪念卡；（3）一张生日卡和一张周年纪念卡；（4）一张周年纪念卡和一张结婚卡；（5）一张结婚卡和一张毕业卡。

3. 下列哪几张卡片可以组成第三排？

（1）一张周年纪念卡和两张生日卡；（2）一张周年纪念卡和两张毕业卡；（3）一张毕业卡和两张生日卡；（4）一张毕业卡和两张周年纪念卡；（5）一张结婚卡和一张生日卡和一张毕业卡。

4. 在所有的排列中，两张毕业卡在哪几种排列中可以排在一行内？

（1）第二排；（2）第三排；（3）第四排；（4）第二排，第四排；（5）第三排，第四排。

5. 如果所有的生日卡被排在第二排和第三排，那么，下列哪一判断必定是正确的？

（1）在两张生日卡中间夹着一张结婚卡；（2）第一排是一张周年纪念卡；（3）当一张周年纪念卡放在第四排时，一张毕业卡在同一排内毗邻于它；（4）第三排中有一张结婚卡；（5）第三排中有一张毕业卡。

6. 如果有一张生日卡排在第三排中，那么下列哪一判断是错误的？

（1）当一张毕业卡放在第三排时，同排有一张生日卡毗邻于它；（2）第三排中间那一张是生日卡；（3）第一排是一张生日卡；（4）第二排的两张卡片都是生日卡；（5）第三排中间那张是结婚卡。

7. 任何一种排列都肯定有下列哪种情况出现？

（1）一张生日卡在第一排；（2）结婚卡在第三排；（3）有一张毕业卡在第三排；（4）两张毕业卡都放在第四排；（5）有两张周年纪念卡在第四排。

提示：递推法

 一种密码的学问

一种密码只由字母 K、L、M、N、O 组成。密码的字母由左至右写成。符合下列条件才能组成密码文字。这组字母是：

①密码文字最短为两个字母，可以重复；

②K 不能为首；

③如果在某一密码文字中有 L，则 L 就得出现两次以上；

④M 不可为最后一个字母，也不可为倒数第二个字母；

⑤如果这个密码文字中有 K，那么一定有 N；

⑥除非这个密码文字中有 L，否则 O 不可能是最后一个字母。

[问题]

1.下列哪一个字母可以放在 L、O 后面形成一个由三个字母组成的密码文字？

（1）K；（2）L；（3）M；（4）N；（5）O。

2.如果某一种密码只有字母 K、L、M 可用，且每个字只能用两个字母组成，那么可组成密码文字的总数是几？

（1）1；（2）3；（3）6；（4）9；（5）12。

3.下列哪一组是一个密码文字？

（1）KLLN；（2）LOML；（3）MLLO；（4）NMKO；（5）ONKM。

4.K、L、M、N、O 等五个字母能组成几个由三个相同字母组成的密码文字？

（1）1；（2）2；（3）3；（4）4；（5）5。

5.只有一种情况除外，以下其他四种方法可以使密码文字 MML-LOKN 变成另一个密码文字。这种例外情况是：

（1）用 N 替换每个 L；（2）用 O 替换第一个 M；（3）用 O 替换 N；（4）把 O 移至 N 右边；（5）把第二个 M 移至 K 的左边。

6.下列五组字母中，有一组不是密码文字，但是只要改变字母的顺序，它也可以变成一个密码文字。这组字母是：

（1）LLMNO；（2）LLLKN；（3）MKNON；（4）NKLML；（5）OMMLL。

7. 下列哪一组密码能用其中的某个字母来替换这个密码中的字母X，从而组成一个符合规则的密码文字？

（1）MKXNO；（2）MXKMN；（3）XMMKO；（4）XMOLK；（5）XOKLLN。

提示：分析法

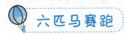 六匹马赛跑

有六匹马参加赛跑。它们的名字分别是：格利特尼斯、利物莱巨、密斯托透、特阿鲍特、维吉兰斯和松迪亚克。

起跑前分成七个起跑点，从1到7。七名骑师，也按1～7号被编了号，都是有资格参赛的。

如果一名骑师分配给一匹马，那么他可以在与他号码相对应的起跑点上参加比赛。但是不一定每名骑师都能配上马，现与骑师号码相对应的起跑点空着，根据以下规则将配给骑师马，从起跑点开始赛马。现已知如下条件：

①格利特尼斯或者密斯托透得由骑师1来骑；

②维吉兰斯得由骑师4或骑师5来骑；

③利物莱巨和维吉兰斯在起跑点时必须至少要有一匹马把它们隔开；

④密斯托透马的跑道号码必须低于松迪亚克的跑道号码。

[问题]

1. 如果三匹马从跑道1、2和3起跑，下面哪种顺序是正确的？

（1）格利特尼斯、特阿鲍特、维吉兰斯；（2）格利特尼斯、松迪亚克、密斯托透；（3）密斯托透、利物莱巨、松迪亚克；（4）密斯托透、维吉兰斯、松迪亚克。

2. 下面哪条跑道赛跑时必须不能空着？

（1）1；（2）2；（3）3；（4）4；（5）7。

3. 除了下面哪条跑道，利物莱巨可以在其他任何跑道上参赛？

（1）2；（2）3；（3）4；（4）6；（5）7。

4. 假设密斯托透跑第五跑道，第六跑道是空的，那么下面哪条是正确的？

（1）格利特尼斯跑第二跑道；（2）利物莱巨跑第七跑道；（3）维吉兰斯跑第三跑道；（4）特阿鲍特跑第三跑道；（5）松迪亚克跑第二跑道。

5. 假设赛跑后，从第一名到最后一名的顺序是6、5、4、3、2和1（与骑师的号码相对应），假设是利物莱巨赢得了这场赛的第一名，下面除了哪匹马外，其余的可能会是在前三名？

（1）格利特尼斯；（2）密斯托透；（3）特阿鲍特；（4）维吉兰斯；（5）松迪亚克。

6.如果骑师5没有配到任何马，那么下面哪一条是可能的？

（1）格利特尼斯被骑师4骑；

（2）骑师6骑的是利物莱巨；

（3）骑师7骑的是密斯托透；

（4）骑师4骑的是特阿鲍特；

（5）骑师6骑的是松迪亚克。

提示：综合法

六个露营者的洗碗工作

六个露营者——爱丽丝、贝蒂、卡门、多拉、吉娜、哈里特在他们的六天露营生活中轮流洗碗，这样每个人洗一天碗就够了。洗碗的顺序按以下条件排列：

①贝蒂在第二天或者在第六天洗碗；②如果爱丽丝在第一天洗碗，那么卡门就在第四天洗碗；反之爱丽丝不在第一天洗碗，哈里特也不在第五天洗碗；③如果吉娜不在第三天洗碗，那么爱丽丝在第三天洗碗；④如果爱丽丝在第四天洗碗，那么多拉在第五天洗碗；⑤如果贝蒂在第二天洗碗，那么吉娜在第五天洗碗；⑥如果哈里特在第六天洗碗，那么多拉在第四天洗碗。

[问题]

1.下列哪一个洗碗顺序符合从第一天到第六天的洗碗条件？

（1）多拉、贝蒂、爱丽丝、吉娜、卡门、哈里特；

（2）贝蒂、爱丽丝、哈里特、卡门、吉娜、多拉；

（3）哈里特、吉娜、贝蒂、卡门、多拉、爱丽丝；

（4）卡门、贝蒂、爱丽丝、多拉、吉娜、哈里特；

（5）爱丽丝、贝蒂、多拉、卡门、吉娜、哈里特。

2.如果多拉在第六天洗碗，那么卡门在哪一天洗碗？

（1）第一天；（2）第二天；（3）第三天；（4）第四天；（5）第五天。

3.如果爱丽丝在第一天洗碗，那么下列哪个人在第二天洗碗？

（1）贝蒂；（2）卡门；（3）多拉；（4）吉娜；（5）哈里特。

4.如果贝蒂在第二天洗碗，那么哈里特可能在哪一天洗碗？

（1）第一天；（2）第四天；（3）第一天或第四天；（4）第四天或第六天；（5）第一天或第四天或第六天。

提示：分析法

摄影师的两卷胶卷

在一次选举中，一家报纸的摄影师交给报社两卷胶卷——一卷彩色胶卷，一卷黑白胶卷。这两卷胶卷拍的是关于某一个候选人的情况。

①如果这个候选人在选举中获胜，那么这家报社的编辑们将用X卷；②如果这个候选人落选，编辑们将采用Y卷；③Y卷中的底片只有x卷的一半；④X卷是彩色片；⑤X卷中大部分的底片都已报废无用。

[问题]

1.如果这家报社没有刊登候选人的彩色照片，那么下列哪个判断必定正确？

（1）编辑们用了X胶卷；（2）这个候选人在选举中没有获胜；（3）Y卷中没有一张有用的底片；（4）这个候选人在选举中获胜；（5）Y卷中大部分底片没有用。

2.如果Y卷中所有的底片都有用，那么下列哪一陈述肯定正确？

（1）Y卷中有用的底片比X卷中有用的底片多；（2）Y卷中有用的底片只是X卷中有用的底片的一半；（3）Y卷中有用的底片比X卷中有用的底片少；（4）Y卷中的底片与X卷中的底

片一样多；（5）Y卷中有用的底片是X卷中有用的底片的两倍。

提示：递推法

两队三胞胎的婚配

M、N、O、P、Q和R是两对三胞胎。此外，我们还知道以下条件：

①同胞兄弟姐妹不能婚配；②同性不能婚配；③六人中，四人是男性，二人是女性；④没有一对三胞胎是同性兄弟或姐妹；⑤M与I结为夫妇；⑥N是Q的唯一的兄弟。

[问题]

1.下列哪一对人中，谁和谁不可能是兄弟姐妹关系？

（1）M和Q；（2）O和R；（3）P和Q；（4）P和R；（5）R和Q。

2.在下列何种条件下，R肯定为女性？

（1）M和Q是同胞兄弟姐妹；（2）Q和R是同胞兄弟姐妹；（3）P和Q是同胞兄弟姐妹；（4）O是P的小姑；（5）O是P的小叔。

3.下列哪个判断肯定错？

（1）O是P的小姑；（2）Q是P的小姑；（3）N是P的小叔；（4）o是P的小叔；（5）Q是P的小叔。

4.如果Q和R结为夫妇，下列哪

一判断肯定正确？

（1）O是男的；（2）R是男的；（3）M是女的；（4）N是女的；（5）P是女的。

5.如果P和R是兄弟关系，那么下列哪一判断肯定正确？

（1）M和O是同胞兄弟姐妹；（2）N和P是同胞兄弟姐妹；（3）M是男的；（4）O是女的；（5）Q是女的。

提示：分析法

表针重合

时钟12点整的时候，钟表的时针和分针重合在一起。但想必你一定已经注意到了，两枚指针不只在12点整的时候才重合，在12小时之内两者要重合好几次，你能说出在什么时候两枚指针会互相重合吗？

提示：分类法

九个人一起游戏

三个成年妇女R、S、T，两个成年男人U、V和四个孩子W、X、Y、Z，一起做游戏。游戏时，总共有九个座位，但这九个座位分别放在游戏场上三个不同的地方，三个座位一组互相毗邻。为了做这个游戏，九个人必须根据以下条件分为三组：

①同性别的成年人不能在一组；②W不能在R那一组；③X必须同S或U同组，或者同时与S、U同组。

[问题]

1.如果R是某组的唯一的成人，那么组里的其他两个成员必须是：

（1）W和X；（2）W和Y；（3）X和Y；（4）X和Z；（5）Y和Z。

2.如果R和U是第一组的两个成员，那么谁将分别在第二组和第三组？

（1）S、T、W；V、Y，Z；（2）S、W、Z；T、V、X；（3）S、X、Y；T、W、Z；（4）T、V、W；S、Y、Z；（5）W、X、Y；S、V、Z。

3.下列哪两个人能与W同一组？

（1）R和Y；（2）S和U；（3）S和V；（4）U和V；（5）X和Z。

4.下列哪一个断定是对的？

（1）有一个成年妇女跟两个孩子同一组；（2）有一个成年男人跟W同一组；（3）R和一个成年男人同组；（4）T那一组只有一个孩子；（5）有一个组没有孩子。

5.如果T、Y和Z同一组.那么下列哪些人是男一组成员？

（1）R、S、V；（2）R、U、W；（3）S、U、W；（4）S、V、W；（5）U、V、X。

提示：排除法

解决劳务争端委员会

为解决劳务争端问题要建立一个五人委员会。委员会成员必须由两名管理人员代表、两名工人代表和一名对劳务问题持独立见解的专家组成。已知：

①管理人员代表必须在 M、N 和 O 三人中产生；②工人代表必须在 P、R 和 S 三人中产生；③或者 J，或者 K 必须被选为有独立见解的专家；④P 不能和 S 一同选入委员会；⑤O 不能和 P 一同选入委员会。⑥除非 K 选入委员会，否则 N 就不能选入委员会。

[问题]

1.下列哪个名单中的人员可以一同在委员会中工作？

（1）J、M、N、R、S；（2）J、N、O、R、S；（3）K、M、N、P、R，（4）K、M、N、P、S；（5）K、N、O、P、R。

2.下列人员中，谁必定被选入委员会？

（1）b；（2）M；（3）N；（4）P；（5）R。

3.设 P 和 R 被选为工人代表。此时，X、Y、Z 三人各作了一个判断。那么，谁的判断和分析肯定正确？X：

K 被选入委员会；Y：M 和 N 被选为管理人员代表；Z：J 被选入委员会。

（1）只有 X 对；（2）只有 Y 对；（3）只有 Z 对；（4）只有 X 和 Y 对；（5）只有 Y 和 Z 对。

4.如果 J 已被选入委员会，下列名单中哪四个人可同时被选入委员会？

（1）M、N、P、R；（2）M、N、R、S；（3）M、O、P、R；（4）M、O、R、S；（5）N、O、R、S。

5.如果 N、R 和 S 三人已被确定为委员会成员，下列哪一条关于其余两名委员会成员的判断是准确的？

（1）M 和 O 是可以补齐委员会成员的两个人；（2）K 和 O 是可以补齐委员会成员的两个人；（3）K 和 M 是可以补齐委员会成员的两个人；（4）或者 M 和 O，或者 K 和 O 有可能补上委员会的空缺；（5）或者 K 和 M，或者 K 和 O 有可能补上委员会的空缺。

6.如果 J 必须被选入委员会，那么下列名单中哪一个不可能入选？

（1）M；（2）O；（3）P；（4）R；（5）S。

提示：综合法

交换舞伴

四对夫妇——巴斯克夫妇、杰弗逊

夫妇、帕尔德夫妇和罗伯特夫妇，正在学习一种新式的交谊舞。这种舞蹈必须结伴跳。舞蹈一开始，每对夫妇结为舞伴，但是在听到"X"、"Y"、"Z"三声口令时，需交换舞伴，交换的条件如下：

①当口令"X"发出时，巴斯克先生和帕尔德先生交换舞伴；②当口令"Y"发出时，罗伯特大人和杰弗逊夫人交换舞伴；③当口令"Z"发出时。杰弗逊先生和帕尔德先生交换舞伴；④以后每次口令发出后，舞伴的交换，都在前次口令后所形成舞伴的基础上交换。

[问题]

1. 舞蹈开始后，如果只在口令"X"发出时交换过一次舞伴，那么，下一次哪两个人必定结成舞伴？

（1）巴斯克先生和帕尔德夫人；（2）巴斯克先生和罗伯特夫人；（3）杰弗逊先生和帕尔德夫人；（4）杰弗逊先生和巴斯克夫人；（5）罗伯特先生和杰弗逊夫人。

2. 如果在两次口令之后，每个跳舞者又与自己的配偶结成舞伴；那么，这两次口令可能是在以下哪种情况发出的？

（1）口令"Y"接在口令"X"之后；（2）口令"Z"接在口令"X"之后；（3）口令"X"接在口令"X"之后，或口令"Y"接在口令"Y"之后，或口令"Z"接在口令"Z"之后；（4）口令"X"接在口令"X"之后，或口令"Y"接在口令"Y"之后，但不可能口令"Z"接在口令"Z"之后；（5）口令"X"接在口令"X"之后。或口令"Z"接在口令"Z"之后。但不可能口令"Y"接在口令"Y"之后。

3. 如果舞蹈开始后，舞伴交换过两次，第一次是口令"X"之后，第二次是口令"Y"之后，那么，下列哪种情况必定是真的？

（1）巴斯克夫人与罗伯特先生结为舞伴；（2）杰弗逊夫人与杰弗逊先生结为舞伴；（3）帕尔德先生与罗伯特夫人结为舞伴；（4）只有两位妇女与自己的丈夫结为舞伴；（5）没有一个男人与自己的妻子结为舞伴。

4. 如果舞伴交换两次之后，巴斯克先生与巴斯克夫人结为舞伴，并且第二次交换是在口令"Y"之后进行的，那么，第一次交换肯定是在：（1）口令"X"之后；（2）口令"Y"之后；（3）口令"Z"之后；（4）除了口令"X"之外的其他任何一个口令之后；（5）除了口令"Z"之外的其他任何一个口令之后。

5. 如果两次舞伴交换之后，杰弗逊先生与巴斯克夫人结为舞伴，并且第二次口令是"Z"，那么，第一次口令应该是：

（1）"X"；（2）"Y"；（3）"Z"；（4）除了"Y"之外的其他任何口令；（5）除了"Z"之外的其他任何口令。

6. 如果舞蹈开始后，按照"Z"、"X"、"Y"的口令顺序交换了三次舞伴，那么，在第三次口令后，下列哪种情况肯定存在？

（1）帕尔德先生与杰弗逊夫人结为舞伴；（2）帕尔德先生与罗伯特夫人结为舞伴；（3）巴斯克先生与巴斯克夫人结为舞伴；（4）巴斯克先生与杰弗逊夫人结为舞伴；（5）巴斯克先生与罗伯特夫人结为舞伴。

提示：分析法

安娜查家谱

安娜在查家谱时，了解到关于她的四个祖先的点滴情况：①罗伊生于约翰之前；②斯特拉死于罗伊之前；③海泽尔死于约翰、罗伊和斯特拉之后。

[问题]

1. 下列哪个判断肯定正确？

（1）约翰生于海泽尔之前；（2）斯特拉死于约翰之前；（3）斯特拉生于海泽尔、约翰和罗伊之前；（4）海泽尔生于约翰、罗伊和斯特拉之后；（5）斯特拉生于罗伊死之前。

2. 如果约翰死于罗伊之前，并且罗伊死于海泽尔出生之前，那么下列哪个判断肯定正确？

（1）斯特拉不是生活在罗伊的有生之年；（2）约翰不是生活在海泽尔的有生之年；（3）斯特拉不是生活在约翰的有生之年；（4）约翰生于并死于斯特拉的有生之年；（5）斯特拉生于并死于罗伊的有生之年。

3. 如果海泽尔生于罗伊死后，那么下列哪个判断有可能正确？

（1）约翰是罗伊的父亲；（2）罗伊是斯特拉的父亲；（3）海泽尔是斯特拉的母亲；（4）海泽尔是罗伊的妻子；（5）斯特拉是海泽尔的孙女。

提示：综合法

邮购公司销售果酱

一家邮购公司销售果酱。每箱有三罐果酱，果酱共有葡萄、橘子、草莓、桃子、苹果五种口味。每罐果酱只含一种口味。必须按照以下条件装箱：

①每箱必须包含两种或三种不同的

口味；②含有橘子果酱的箱里必定至少装有一罐葡萄果酱；③含有葡萄果酱的箱里必定至少装有一罐橘子果酱；④桃子果酱与苹果果酱不能装在同一箱内；⑤含有草莓果酱的箱里必定至少有一罐苹果果酱；但是，含有苹果果酱的箱里并不一定有草莓果酱。

[问题]

1.下列哪一箱果酱是符合题设条件的呢？

（1）一罐桃子果酱、一罐草莓果酱和一罐橘子果酱；（2）一罐橘子果酱、一罐草莓果酱和一罐葡萄果酱；（3）两罐草莓果酱和一罐苹果果酱；（4）三罐桃子果酱；（5）三罐橘子果酱。

2.除了一种情况外，下列各个装箱均符合题设条件。这种情况是：

（1）葡萄果酱和桃子果酱；（2）桃子果酱和苹果果酱；（3）橘子果酱和桃子果酱；（4）草莓果酱和苹果果酱。

3.下面哪一箱，加上一罐草莓果酱后便可符合题设条件？

（1）一罐桃子果酱和一罐橘子果酱；（2）一罐葡萄果酱和一罐橘子果酱；（3）两罐苹果果酱；（4）两罐橘子果酱；（5）两罐葡萄果酱。

4.一罐橘子果酱，一罐桃子果酱，再加上一罐什么果酱，便可装成一箱？

（1）葡萄果酱；（2）橘子果酱；（3）草莓果酱；（4）桃子果酱；（5）苹果果酱。

5.一罐橘子果酱再加上下列哪两罐果酱即可装成一箱？

（1）一罐橘子果酱与一罐草莓果酱；（2）一罐葡萄果酱与一罐草莓果酱；（3）两罐橘子果酱；（4）两罐葡萄果酱；（5）两罐草莓果酱。

6.一箱符合条件的果酱，不能含有下列哪两罐果酱？

（1）一罐草莓果酱和一罐桃子果酱；（2）一罐葡萄果酱和一罐橘子果酱；（3）两罐橘子果酱；（4）两罐葡萄果酱；（5）两罐草莓果酱。

提示：排除法

城市的单向街道

现已知如下条件：

①M、N、O、P、Q和R是六条笔直的单向街道；②每一条街道与其中其他两条街道平行；③每一条街道与其中其他三条街道相交；④相邻的平行街道，车辆朝相反方向行驶；⑤P与R相交；⑥O与Q平行；⑦车辆在R与N街道上同方向行驶；⑧车辆在M街道上向南行驶；⑨车辆在其中两条街道上向东行驶。

[问题]

1.下列哪两条街道互相交叉?

(1)M和R;(2)N和M;(3)O和P;(4)Q和N;(5)Q和P。

2.下列哪一判断肯定正确?

(1)车辆在M和R街上朝相反的方向行驶;(2)车辆在P和Q街上朝不同的方向行驶;(3)车辆在O和P街上朝相同的方向行驶;(4)车辆在O和Q街上朝相同的方向行驶;(5)车辆在O和R街上朝相同的方向行驶。

3.如果车辆在P街上向西行驶,那么下列哪一判断肯定正确?

(1)车辆在P街上行驶,穿过M街后向右转入N街;(2)车辆在R街上行驶,穿过P街后向右转入Q街;(3)车辆在R街上行驶,穿过M街后向右转入N街;(4)车辆在R街上行驶,到R与O交叉的十字路口向左转入O街;(5)车辆在P街上行驶,到P与R交叉的十字路口向右转入R街。

提示:分析法

乘橡皮艇探险

托马斯、南丁、佩费尔、马坦、雷切尔、费雷德和库尔特这七个人正在计划分两组乘橡皮艇探险。已知条件是:

①托马斯与雷切尔分在一艇上;

②费雷德不能与佩费尔在同一艇上,除非马坦也在同一艇上;③每艇最多只能容纳四人;④南丁、佩费尔都不能与库尔特同坐一条橡皮艇。

[问题]

1.如果费雷德与南丁同坐一条橡皮艇,下列哪一个断定是对的?

(1)库尔特分在另一条艇上;(2)马坦分在另一条艇上;(3)佩费尔分在另一条艇上;(4)雷切尔与费雷德和南丁同分在一条艇上;(5)托马斯与费雷德和南丁同分在一条艇上。

2.如果雷切尔与佩费尔分在同一艇上,下列哪一个断定是对的?

(1)库尔特与雷切尔和佩费尔分在同一艘艇上;(2)南丁与库尔特分在同一艘艇上;(3)南丁分到的艇与佩费尔没有分到同一艘艇上;(4)雷切尔和佩费尔在有四人乘坐的橡皮艇上;(5)托马斯分在不是佩费尔所在的那艘艇上。

3.如果库尔特与马坦同乘一条橡皮艇,下列哪一个断定是对的?

(1)费雷德与南丁同在一条艇上;(2)费雷德与托马斯同在一条艇上;(3)南丁与佩费尔同在一条艇上;(4)南丁与库尔特和马坦在同一条艇上;(5)雷切尔与库尔特和马坦分在同一条艇上。

4.如果雷切尔与费雷德在同一条艇上，下列哪一组是分在另一条艇上的既完整又准确的名单？

（1）费雷德、佩费尔；（2）库尔特、托马斯；（3）马坦、托马斯；（4）库尔特、马坦、南丁；（5）马坦、南丁、佩费尔。

提示：分析法

 乘独木舟旅行

罗伯特家与吉姆家准备一起乘独木舟旅行。这两家的家庭成员共九人，他们是罗伯特（父）、玛丽（母），以及他们的三个儿子：托米、丹、威廉；吉姆（父）、埃伦（母），以及他们的两个女儿：珍妮、苏珊。此外，我们还已知：

①有三条独木舟，每条独木舟上坐三个人；

②每条独木舟上至少有一个父母辈的人；

③每条独木舟上不能全是同一个家庭的成员。

[问题]

1.如果两个母亲（玛丽与埃伦）在同一条独木舟上，而罗伯特的三个儿子分别坐在不同的独木舟上，下面的哪一个断定是正确的呢？

（1）每条独木舟上有男也有女；

（2）有一条独木舟上只有女的；（3）有一条独木舟上只有男的；（4）珍妮和苏珊两姐妹坐在同一条独木舟上；（5）罗伯特与吉姆这两个父亲坐在同一条独木舟上。

2.如果埃伦和苏珊乘坐同一条独木舟，下面哪一组人可以同乘另一条独木舟呢？

（1）丹、吉姆、珍妮；（2）丹、吉姆、威廉；（3）丹、珍妮、托米；（4）吉姆、珍妮、玛丽；（5）玛丽、罗伯特、托米。

3.如果吉姆和玛丽在同一条独木舟上，下列的五种情况中，只有一种情况是不可能存在的。到底是哪一种情况呢？

（1）丹、埃伦和苏珊同乘一条独木舟；（2）埃伦、罗伯特和托米同乘一条独木舟；（3）埃伦、苏珊和威廉同乘一条独木舟；（4）埃伦、托米和威廉同乘一条独木舟；（5）珍妮、罗伯特和苏珊同乘一条独木舟。

4.罗伯特家的三个儿子乘坐不同的独木舟。对此，P、Q、R三个人作出三种断定：P断定：吉姆家的两个女儿不在同一条独木舟上；Q断定：吉姆和埃伦夫妻俩不在同一条独木舟上；R断定：罗伯特和玛丽夫妻俩不在同一条独木舟上。哪一种判断肯定是正确的呢?

（1）只有P的断定对;（2）只有Q的断定对;（3）P和Q的断定对,R的断定错;（4）P和R的断定对,Q的断定错;（5）P、Q、R的断定都对。

5.途中,吉姆和两个男孩子徒步旅行,剩下的六个人则乘坐两条独木舟继续旅行。如果题设的其他已知条件不变,下面哪一组的孩子们可能留下来乘坐独木舟?

（1）丹、珍妮、苏珊;（2）丹、苏珊、威廉;（3）丹、托米、威廉;（D）丹、托米、苏珊;（E）苏珊、托米、威廉。

提示:分析法

得病的人们

现已知如下条件:

①一个得了G病的病人,会表现出发皮疹和发高烧,或者喉咙痛,或者头痛等症状,但不会同时有后两种症状;②一个得了L病的病人,会表现出发皮疹和发高烧等症状,但既不会喉咙痛,也不会头痛;③一个得了T病的病人,至少会表现出喉咙痛、头痛和其他可能产生的症状中的某种症状;④一个得了Z病的病人,至少会表现出头痛和其他可能产生的症状中的某种症状,但决不会发皮疹;⑤没有人会同时患上所列G、L、T、Z四种疾病之中的两种以上。

[问题]

1.如果一个病人既喉咙痛又发烧,那么这个病人肯定:

（1）得了Z病;（2）得的不是G病;（3）得的不是L病;（4）发了皮疹;（5）头也痛。

2.如果有一个病人,患了以上某种不发皮疹的疾病。那么他肯定:

（1）发烧;（2）头痛;（3）喉咙痛;（4）得了T病;（5）得了Z病。

3.如果病人米勒没有喉咙痛的症状,那么他肯定:

（1）得了L病;（2）得了Z病;（3）得的不是G病;（4）得的不是Z病;（5）得的不是T病。

4.如果某个病人患了以上某种疾病,只表现出发烧和头痛两种症状,那么他得的肯定是:

（1）G病;（2）L病;（3）T病;（D）Z病;（E）可能是G病,也可能是T病。

提示:分析法

阿波罗影剧院

阿波罗影剧院在六天里放映六部电

影，映期自星期天开始到星期五。这六部电影是：一部音乐片，一部喜剧片，一部西部片，一部科幻片，一部恐怖片和一部灾难片。每天只放一部影片，但不一定按以上顺序。在这期间，五位影评员N、O、P、Q和R，除了以下例外情况，每天观看电影。

①P和Q从不在同一天看电影；②星期二和星期五N不看电影；③O从不看科幻片与恐怖片；④星期一、星期四和星期五，P不看电影；⑤Q从不看喜剧片、西部片和灾难片；⑥R从不看音乐片、喜剧片和西部片。

[问题]

1.如果六部电影收同样的票价，那么下列哪部影片在星期一上映，将会使剧院从影评员处得到最少的门票收入？

（1）音乐片；（2）喜剧片；（3）科幻片；（4）恐怖片；（5）灾难片。

2.如果有一天只有两位影评员去看同一部影片，那么下列哪个判断有可能正确？

（1）那一天是星期三，上映的是音乐片；（2）那一天是星期二，上映的是灾难片；（3）那一天是星期一，上映的是音乐片；（D）那一天是星期二，上映的是科幻片；（E）那一天是星期四，上映的是恐怖片。

3.如果从星期二到星期三两天时间内，每一个影评员都看了一次电影，且不是所有的影评员都在同一天看电影，那么，下面哪两部影片分别在星期二和星期三上映？

（1）恐怖片，西部片；（2）灾难片，喜剧片；（3）西部片，音乐片；（4）音乐片，西部片；（5）喜剧片，西部片。

提示：综合法

P城与Q城之间的旅行

只有公共汽车和火车两种公共交通工具来往于P城和Q城，从P城到Q城一路上有以下停靠站：

①公共汽车按顺序在R城、S城、T城和U城停靠；②特快列车只在T城停靠；③早班普通列车按顺序在V城、W城、T城和X城停靠；④晚班普通列车按顺序在V城、W城和X城停靠；从Q城出发到P城，路线正好相反；⑤公共汽车按顺序在U城、T城、S城和R城停靠；⑥特快列车只在T城停靠；⑦早班普通列车按顺序在X城、T城、W城和V城停靠；⑧晚班普通列车按顺序只在X城、W城和V城停靠；⑨P城、T城和Q城的公共

汽车站就在火车站旁边。

[问题]

1. 除了一对城市之外，下列各对城市之间不用换车便可直接到达，这对城市是：

（1）R城至T城；（2）R城至U城；（3）S城至U城；（4）U城至X城；（5）V城至X城。

2. 从V城到U城必须乘坐什么车？

（1）只乘坐公共汽车；（2）只乘坐早班普通列车；（3）一列普通列车和一班公共汽车；（4）只乘坐一列早班普通列车或一列晚班普通列车；（5）一列普通列车和一列特快列车。

3. 如果从X城到P城尽可能少停站，应该乘坐什么车？

（1）就乘一列特快列车；（2）就乘一列早班普通列车；（3）就乘一列晚班普通列车；（4）一列普通列车，然后换乘公共汽车；（5）一列普通列车，然后换乘特快列车。

4. 从X城到R城，必须乘坐下列什么车？

（1）先乘一班普通列车，然后换乘公共汽车；（2）先乘一班公共汽车，然后换乘普通列车；（3）先乘特快列车，然后换乘公共汽车；（4）先乘一班公共汽车，然后换乘特快列车；（5）先乘普

通列车，然后换乘特快列车。

提示：演绎法。

缺失的数字

在下面这个加法算式中，每个字母都代表0～9的一个数字，而且不同的字母代表不同的数字：

$$
\begin{array}{r}
A\,B \\
C\,D \\
E\,F \\
+\ G\,H \\
\hline
I\ I\ I
\end{array}
$$

请问缺了0～9中的哪一个数字？

提示：分析法

史密斯家的人

有两位女士，奥德丽和布伦达，还有两位男士，康拉德和丹尼尔，他们每人每星期（从星期日到星期六）都有两天做健美操。现在已知在一个星期中：

①奥德丽在某天做了健美操后过五天再做健美操（即有四天不做，到第五天再做。下同）。②布伦达在某天做了健美操后过四天再做健美操。③康拉德在某天做了健美操后过三天再做健美操。④丹尼尔在某天做了健美操后过两天再做健美操。⑤史密斯家的一男一

女只有一次在同一天做健美操。⑥在其余的日子里，每天都只有一个人做健美操。

请问哪两位是史密斯家的人？

提示：递推法。

🎈 第十三号大街

史密斯住在第十三号大街，这条大街上的房子的编号是从13号到1300号。琼斯想知道史密斯所住的房子的号码。

琼斯问道："它小于500吗？"史密斯作了答复，但他讲了谎话。

琼斯问道："它是个平方数吗？"史密斯作了答复，但没有说真话。

琼斯问道："它是个立方数吗？"史密斯回答了并讲了真话。

琼斯说道："如果我知道第二位数是否是1，我就能告诉你那所房子的号码。"

史密斯告诉了他第二位数是否是1，琼斯也讲了他所认为的号码。

但是，琼斯说错了。

请问史密斯住的房子是几号？

提示：假设法

🎈 亨利一家拔河比赛

亨利一家八口人举行拔河比赛。

其中有三场比赛的结果是：

第一场：父亲为一方、五个孩子（两男三女）为另一方进行比赛，父亲输了。

第二场：母亲为一方、五个孩子（一男四女）为另一方进行比赛，母亲赢了。

第三场：如果父亲加一个儿子为一方、母亲加三个孩子（三女）为另一方进行比赛，父亲的一方赢了。

请问母亲加两个男孩与父亲加三个女孩进行拔河比赛，结果将会怎样？

提示：分析法

🎈 尤克利地区的电话线路

直到去年，尤克利地区才消除了对

电话的抵制情绪。虽然现在已着手在安装电话，但是由于计划不周，进展比较缓慢。

直到今天，该地区的六个小镇之间的电话线路还很不完备。A镇同其他五个小镇之间都有电话线路；而B镇、C镇却只与其他四个小镇有电话线路；D、E、F三个镇则只同其他三个小镇有电话线路。如果有完备的电话交换系统，上述现象是不难克服的。因为，如果在A镇装个电话交换系统，A、B、C、D、E、F六个小镇都可以互相通话。但是，电话交换系统要等半年之后才能建成。在此之前，两个小镇之间必须装上直通线路才能互相通话。

现在，我们还知道D镇可以打电话到F镇。

请问：E镇可以打电话给哪三个小镇呢？

提示：综合法

 共同分担家务

巴斯塔·琼斯夫妇新婚不久，各自都有固定的工作，所以一致同意共同分担家务。

为了公平地安排家务，两人把每星期家里必须做的各项家务列成一张表格。

巴斯塔对妻子说："我已划出一半的项目，亲爱的，剩下的那些家务该是你的了。"

琼斯夫人反对说："不，巴斯塔，我认为你这样分配是不公平的，你把脏活都推给我做，自己却拣轻松的事干。"

于是，琼斯夫人拿过了表格，把自己想做的家务事做上记号。但是，巴斯塔不同意。

正当他们争论不休的时候，门铃响了。进来的是琼斯夫人的母亲，"两个宝贝在吵什么呀？我一走出电梯就听见你们在嚷嚷。"

琼斯夫人的母亲听完巴斯特和她女儿说出的原因之后，突然笑了起来，"我正好想出一个好办法，我告诉你们怎样分配家务。保证你们两人都满意。"

她说，"你们中的一个把这张表格分成两部分，当然你自己会乐于拿随便哪一份的。然后让第二个人先挑取他（她）最愿意要的那一半，"

但是，一年之后当琼斯夫人的母亲搬进公寓来住的时候，事情就不那么简单了。琼斯夫人的母亲同意承担三分之一的家务劳动，但是他们无法决定如何在三个人当中公平地分配家务。你能给他们提出分配方案吗？

提示：递推法

15 点游戏

乡村庙会开始了。

今年搞了一种叫做"15 点"的游戏。

艺人卡尼先生说："来吧，老乡们。规则很简单，我们只要把硬币轮流放在 1 到 9 这个数字上，谁先放都一样。你们放镍币，我放银元，谁首先把加起来为 15 的三个不同数字盖住，那么桌上的钱就全数归他。"

我们先看一下游戏的过程：某妇人先放，她把镍币放在 7 上，因为将 7 盖住。他人就不可再放了。其他一些数字也是如此。

卡尼把一块银元放在 8 上。

妇人第二次把镍币放在 2 上，这样她以为下一轮再用一枚镍币放在 6 上就可加为 15，于是她以为就可赢了。但艺人第二次把银元放在 6 上，堵住了夫人的路。现在，他只要在下一轮把银元放在 1 上就可获胜了。

妇人看到这一威胁，便把镍币放在 1 上。

卡尼先生下一轮笑嘻嘻地把银元放到了 4 上。妇人看到他下次放到 5 上便可赢了，就不得不再次堵住他的路，她把一枚镍币放在 5 上。

但是卡尼先生却把银元放在 3 上，因为 8+4+3=15，所以他赢了。可怜的妇人输掉了这 4 枚镍币。

该镇的镇长先生被这种游戏所迷住，他断定是卡尼先生用了一种秘密的方法，使他比赛时怎么也不会输掉，除非他不想赢。

镇长彻夜未眠，想研究出这一秘密的方法。

突然他从床上跳了下来，"啊哈！我早知道那人有个秘密方法，我现在晓得他是怎么干的了。真的，顾客是没有办法赢的。"

这位镇长找到了什么窍门？你或许能发现怎么同朋友们玩这种"15 点"游戏而不会输一盘。

提示：分析法

 外科医生

在热带丛林深处的一家医院里有三名外科医生——琼斯、史密斯和罗比森。

当地的部落首领被怀疑患有一种极易传染的古怪疾病，责令这三名外科医生为他动一次手术。麻烦的是，这三名外科医生随便哪一位在检查这个首领时都可能感染上这种怪病。

动手术时，每一名医生都必须戴上

橡皮手套，假使他传染上这种怪病，病菌将会感染到他戴的任何手套的里面；而如果首领患有这疾病，就将感染到医生所戴手套的外面。

就要开始动手术时，护士克利妮小姐跑进手术室，"诸位医生，我给你们带来了不幸的消息。我们只有两副消毒的手套，一副为蓝色，另一副为白色。"

琼斯医生说："只有两副？假如我先施行手术，我的手套两面都可能弄脏的。假如史密斯接下去动手术，他的手套两面也可能弄脏。这样一来，罗比森就拿不到无菌手套了。"

突然，史密斯医生提了个建议："假如我戴两副手套，蓝手套戴在白手套的外面，每副手套有一面可能玷污了，但是每副手套的另一面仍然是无菌的。"琼斯医生立即明白了："我知道了。我可以戴蓝手套，无菌的一面在里，而罗比森可以把白手套翻过来戴，也是无菌的一面在里。这样我们就不会有从首领那儿感染疾病或者相互感染的危险了。"

护士克利妮提出反对："这对你们医生是没有问题了，但首领将会怎样呢？假如你们当中任何人感染了，而首领没有这种疾病，他会从你们之中某个人那儿得病的。"

一经提醒，外科医生们被问住了，他们该怎么办呢？过了一会儿，克利妮小姐喊了起来："我知道你们三个人应该怎样才能既施行手术，又不会让你们或者首领去冒感染疾病的风险。"

医生们没有一个能想出克利妮小姐的想法，但当她作了解释以后，他们都同意这办法是可行的。

你能想出这个办法吗？

提示：分类法

婴儿的身份标签

在某医院，四个婴儿的身份标签被搞乱了，其中两个婴儿的标签不错，其他两个婴儿的标签弄错了。发生这种错误的情况有多少种？

一种简单的计算方法是把所有可能的情况列成一张表，其结果表明两个婴儿与其标签不符的情况共有六种。

现在假设标签搞乱后，恰有三个是正确的，只有一个搞错了，问这个问题有多少种不同情况？

提示：假设法

泡泡糖

琼斯夫人路过泡泡糖出售机时，尽量不使她的双胞胎儿子有所察觉。

老大说："妈，我要泡泡糖。"

老二也跟着说："妈，我也要。我

要和比利拿一样颜色的糖。"

分币泡泡糖出售机几乎已经空了。说不准下一粒是什么颜色，琼斯夫人如要得到z粒同色的泡泡糖，需要花多少钱？

琼斯夫人若花6分钱，准可得到2粒红色的糖——就算所有白色的糖花去4分钱，尚剩2分可用来得到2粒红色的糖。或者她花8分准可得到2粒白色的糖。所以她得准备花8分钱，对吗？

不对。即使先取到的2粒糖颜色不同，第3粒必定与前2粒中的一粒同色。所以她最多只需花3分钱。

现在假设出售机内的糖有6粒是红的，4粒是白的，5粒是蓝的。琼斯夫人需要花多少钱才能确保拿到2粒同色的泡泡糖，你算得出吗？

你算出是4分，对吗？如是这样的话，那么请你考虑一下，如史密斯夫人带着三胞胎儿子经过泡泡糖出售机，将会遇到什么情况。

这一次，出售机内的糖有6粒是红的，4粒是白的，而仅有1粒是蓝的。史密斯夫人如要拿到3粒同色的泡泡糖需准备花多少钱？

提示：递推法

萃卖鸡蛋

大诗人贝涅吉克托夫是第一部俄文

数学动脑筋题目文集的作者。根据这道题本身所提供的某些"信息"，确定了这道题的创作年份是1869年，而手稿中并未注明这个年份。下面把这位诗人以小说的形式写成的一道题目，介绍给读者。原题叫做"怪题巧解"。

一次，一个以贩卖鸡蛋为业的妇人，派她的三个女儿到市场上去出售90个鸡蛋。她给了最聪明的大女儿10个鸡蛋，给了二女儿30个鸡蛋，给了小女儿50个鸡蛋，对她们说：

"你们先商量一下，定好价钱以后，就要始终坚持同样的价格，不能让步。但我希望老大能运用她的智慧，即使是按照你们事先商定的价钱，她卖掉自己的10个鸡蛋所得的钱，同老二卖掉她那30个鸡蛋所得的钱一样多，并且帮助二妹把那30个鸡蛋卖掉，所得的钱还要同三妹卖掉那50个鸡蛋所得的钱一样多。你们三个人的进价和售价都必须彼此相同。另外，我希望你们卖出的价钱，每10个蛋不能少于10分钱，总共90个鸡蛋不少于90分，也就是30个阿尔登。"

现在把贝涅吉克托夫的话打断，好让读者去独立思考：三位姑娘是怎样完成她们的任务的？

提示：分析法

[答案]

 去钓鱼

答案：见下表

北 ← → 南				
名字	乔	佛瑞德	迪克	亨利	麦克姆
职业	银行家	电气技师	教授	管道工人	推销员
家乡	洛杉矶	奥兰多	图森	纽约	圣路易斯
鱼饵	蚯蚓	面包	蛆	小虾	肉
鱼的数量	6	15	10	9	1

 宗教家与哲学家

答案：

（1）假设一甘是绝对不说谎话的宗教家之一，则他所说的话都是真话。也就因此，二静是宗教家，五玛也是宗教家。但如此一来，便有三个宗教家，与题目不合。所以，一甘不是宗教家。

（2）假设五玛是绝对不说谎话的宗教家之一，则他所说的话都是真的。也就因此，二静不是宗教家，三心也不是宗教家。如此，再加上由（1）所推知

的：一甘也不是宗教家，一共已有3位不是宗教家。因而，剩下的四忆便应该是不说谎话的宗教家。然而，四忆所说的话"五玛说谎"，与本假设自相矛盾。所以，五玛不是宗教家。

（3）假设三心是绝对不说谎话的宗教家之一，则四忆不是宗教家。如此，再加上由（1）、（2）所推知的：一甘、五玛都不是宗教家，一共已有3位不是宗教家，因而，剩下的二静便应该是宗教家。但二静所说的话"三心说谎"，却与本假设自相矛盾。所以，三心不是宗教家。

（4）综合前面所述，可知二静、四忆两位是绝对不说谎话的宗教家。而一甘、三心和五玛是有时说真话，有时说谎话的哲学家。

所以答案是：

宗教家：二静、四忆

哲学家：一甘、三心、五玛

 武林高手

答案：

1.由提示可初步得出以下线索：

（1）由提示①可知，剑法和暗器并

非同一个老师任教。

（2）由提示②可知，拳脚和暗器并非同一个老师任教。

（3）由提示③可知，郭静不是拳脚老师也不是暗器老师。

（4）由提示④可知，拳脚和轻功并非同一个老师任教。

（5）由提示⑤可知，内力和轻功并非同一个老师任教。

（6）由提示⑤可知，黄容不是内力老师，也不是轻功老师。

（7）由提示④及②可知，黄容不是拳脚老师。

2.根据如上的线索，可进一步做出如下推论：

（8）由（3）的前半段及（7），可知，洋果是拳脚老师。再由此加上（2）及（3）的后半段，可知，黄容是暗器老师。再根据（4）及（6）的后半段可知，郭静是轻功老师。

（9）再根据（5）及（6）的前半段，可知，洋果是内力老师。

（10）同理，再根据（1）可知，郭静是剑法老师。

（11）最后，根据（8），（9），（10）可知，黄容是点穴老师。

答案是：

郭静：轻功，剑法。

黄容：暗器，点穴。

洋果：拳脚，内力。

 发圈的颜色

答案：

（1）从秒力的角度而言，她所看到前面两个人的发圈颜色有如下4种可能：

百合　关秒

A 红　红

B 红　蓝

C 蓝　红

D 蓝　蓝

（2）如果秒力看到的状况是D，那么她便可以百分之百的确定，她头上绑的是红色发圈，因为发圈的颜色是三红两蓝，如果前面两个都是蓝色，第三个当然就是红色。

（3）既然秒力说她不知道发圈的颜色，可见她看到的并不是状况D，而是A，B，C中的一个。

（4）就关秒的角度而言，如果她前面的人绑的发圈是蓝色，便可以确定自己所绑发圈的颜色。因为由秒力的答案得知，状况D不成立，所以如果关秒前面那人绑的是蓝色，唯一的可能就是状况C，那么关秒便可以确定自己绑的是红色。由于关秒回答说她不知道颜色，可见她看到的绝对不是蓝色的。所以 C 也是不成立的。

（5）既然关秒看到的不是蓝色发圈，百合便能据此推出她所绑的应该是红色。而这也就是答案！

秤罐头

答案：把箱子编号，编为 1，2，3，4，5，6，7，8，9，10。然后从 1 号拿一盒，2 号两盒……10 号十盒，共有 55 盒。把拿出来的盒放到秤上秤，看一下重量，当 10 箱都是每盒 1 斤时，55 盒的重量应该是 55 斤，而题目说有一箱是每盒 9 两，那从刚才取盒子的方法看，如果是 1 号，1 号只拿一盒，那么其示数应该是 54.9，如果是 2 号，3 号，4 号……10 号那示数依次是 54.8，54.7，54.6，54.5，54.4，54.3，54.2，54.1，54。

乒乓球问题

答案：先拿 4 个，他拿 n 个，你拿 6 − n，依此类推，保证你能得到第 100 个乒乓球。（$1 \leqslant n \leqslant 5$）保证剩下 6 的整数倍。

（1）我们不妨逆向推理，如果只剩 6 个乒乓球，让对方先拿球，你一定能拿到第 6 个乒乓球。理由是：如果他拿

1 个，你拿 5 个；如果他拿 2 个，你拿 4 个；如果他拿 3 个，你拿 3 个；如果他拿 4 个，你拿 2 个；如果他拿 5 个，你拿 1 个。

（2）我们再把 100 个乒乓球从后向前按组分开，6 个乒乓球一组。100 不能被 6 整除，这样就分成 17 组；第一组 4 个，后 16 组每组 6 个。

（3）这样先把第 1 组 4 个拿完，后 16 组每组都让对方先拿球，自己拿完剩下的。这样你就能拿到第 16 组的最后一个，即第 100 个乒乓球。

鸽子与猫

答案：D 夫人的猫吃了 B 男人的鸽子。

由"A 夫人的猫吃了某位先生的鸽子，正是这位先生和吃了 E 先生的鸽子的猫的主人结了婚"可知，A 夫人的猫吃的鸽子只能是 B、C、D 先生之一的。

（1）假设 A 夫人的猫吃的是 B 先生的鸽子；由"正是这位先生和吃了 E 先生的鸽子的猫的主人结了婚"这半句，知 B 夫人的猫该吃了 E 的鸽子；又由"A 先生的鸽子是被 B 夫人的猫吃了"，知 B 夫人的猫吃了 A 的鸽子。前后矛盾，故假设不成立；

（2）假设 A 夫人的猫吃的是 D 先生的鸽子；由"D 先生的鸽子是被某位夫人的猫吃了，正是这位夫人和被 C 夫人的猫所吃掉的鸽子的主人结了婚。"知 C 夫人的猫吃了 A 鸽子，但是这与"A 先生的鸽子是被 B 夫人的猫吃了"相悖。故假设亦不成立。

综上所述，A 夫人的猫吃了 C 先生的鸽子，按题目给出的条件的顺序依次推理出：C 夫人的猫吃了 E 鸽子，B 夫人的猫吃了 A 鸽子，C 夫人的猫吃了 E 鸽子，E 夫人的猫吃了 D 鸽子。故 D 夫人的猫吃 B 鸽子。

应该让谁去

答案：让 A，B，C，F 去。

1. 假设 A 不去。

则按各条件推断如下：（1）B 去；（2）D 未定；（3）E、F 去；（4）C 去；（5）D 不去；（6）E 不去（与提示③矛盾）故假设不成立；

2. 假设 A 去。

则按各条件推断如下：（1）B 未定；（2）D 不去；（3）E、F 只能去其一；（4）B，C 两人都去或都不去；（5）C 去（则提示①中 B 去）；（6）E 不去（则提示③中 F 去）；

综上所述，A、B、C、F 去。

小木屋藏尸案

答案：警方经细查，断定凶手是张晓明。他假装正午离开小屋，等 1 点 30 分刘力山和范博都离开后，再等王四强与山庄老板通过电话，便进入小屋杀了他，凶器为登山用的攀岩锤。张晓明行凶之后离开小屋之时为 2 点 10 分，随即从东边往下跑，跑到半山腰，便偷了范博放在那儿的滑板，一口气滑向山庄，所以 4 点 40 分就到达了目的地，因此 1 点 30 分出发的范博 5 点到达半山腰时，找不到滑雪用具。

结婚对象

答案：1. 由如上的提示，可知如下的线索：

（1）由提示②及提示③可知，萍安不和添丁、昭才或广金结婚。

（2）由提示③可知，喜悦不和昭才或广金结婚。

（3）由提示④可知：a. 好韵和晋宝结婚；b. 萍安、吉祥、福气、喜悦不和晋宝结婚。

（4）由提示②、③及④可知：c. 福气将于星期三和昭才结婚；d. 由 a，c 可知，晋宝是在星期四和好韵结婚。

2. 综合如上的线索，可逐步推出

结论：

（5）由（1）及b可知，萍安和财元结婚。

（6）由（2），b及（5）可知，喜悦和添丁结婚。

（7）由a，（4），（5）及（6），可知，吉祥和广金结婚。

（8）由提示②，③及d，可知，喜欢和添丁是在星期二结婚。

遗产的分配

答案：题1根据已知条件②，不能选（1）。根据已知条件④，不能选（3）。根据已知条件③和⑤，不能选（2）。根据已知条件⑥，不能选（5）。因此，选（4）。

题2选（3）。因为根据条件⑤，T必须继承4号地；根据条件⑥，W必须继承6号地；根据条件③、④和⑥，可以推断V将继承3号地，由此剩下的只能是1、5、7号三块地。根据题意T、V、W三人每人两块地。1、5、7号三块地与3、4、6号三块地配对，不可能出现1号地与7号地搭配的情况，故选（3）。

题3选（5）。根据题意只能由S、T、W号三人来继承七块地，而其中有一人继承2号地后就不可再继承其

他地，因此，不可能只有一人继承三块地。由此看来（1）、（2）、（3）都是错的。现在我们来看（D）、（E）两个选择：根据已知条件⑥，W必须继承6号地，由此可以推断，他不可能继承2号地，他必须是继承三块地的两人中的其中之一；而且T也不可能继承三块地，因为如果S继承了2号地，则4号地只能给T，而W不能继承3号地，这块地又得给T，这就违反了已知条件③。因此只有（5）是对的。

野餐后的游戏

题1选（2）。根据已知条件①、③、④和本题的条件，N只能玩捉人游戏和打排球，而不可能再玩掷铁蹄游戏。

题2选（1）。此题须用排除法来完成。根据已知条件④和本题条件，N不能再参加掷铁蹄游戏，因此，选（2）、（3）、（5）都是错误的。另外根据已知条件⑥，可推出如果O参加掷铁蹄游戏，则L也参加，再加上K，就会有五人参加该游戏，不符合本题题意，因此（4）也错。故只有选（1）才是正确的。

题3选（5）。根据已知条件和本题题意，这七个人当中，除了N，其他

人均不可既打排球又玩掷铁蹄游戏。他们要么是打排球和玩捉人游戏，要么掷铁蹄和玩捉人游戏。根据已知条件②，我们可以判断，I是后一种人。因此选（5）必定正确。根据已知条件⑤，我们还可以看出选（2）是错误的。当然最明显的错误是（4），它明显违反已知条件①。而（1）也错，根据已知条件⑥，O也必须玩，加上N、I、M共有5人玩掷铁蹄游戏，这样就违反了题设条件"掷铁蹄游戏必须有3～4人一起玩"的规定，因此错。至于（3）有可能对，但不一定对。

 七人游泳比赛

答案： 题1选（1）。根据本题题意和已知条件①、②，可推出V、P、Q分别是第五名、第六名和第七名，既然Q是最后一名，那么S就一定是第一名（已知条件③），所以选（1）一定对。

题2选（3）。根据本题题意和已知条件③，可知道R是第一名，则T是最后一名。我们在第一题已经知道V肯定在P和Q之前（已知条件①和②）。因此，至少有三人（P、Q、T）在V之后，因而他的最差名次不会超出第四名。

题3选（5）。既然S是第二名而不是第一名，那么第一名肯定是R，最后一名肯定是T（已知条件③）。由此可见（1）、（2）、（4）是肯定错的，而（3）违反已知条件1，因此只有（5）有可能是对的。

题4选（4）。根据题意和已知条件3，可推出R、Q、S、T分别为第一名、第五名、第六名和第七名，而（1）、（2）、（3）、（5）都与所推结论相违背，因此只有（4）是有可能对的。

题5选（4）。由题意和已知条件③，可推出S、R、Q、U，分别是第一名、第二名、第五名和第七名；再由已知条件①和②可推出V和P必定分别是第三名和第四名。剩下的T只能在第六名。因此选（4）必定正确。

议案的表决

答案： 回答这一组题群，你只要掌握一个答题技巧，即根据题设条件，从总体上把握，便可以先确定：2号和3号议案，已经有三个议员反对（H、O、N）；1号议案已经有两个议员投赞成票（O、N），两个议员投反对票（H、J）。

题1选（5）。根据条件②，每个议员至少赞成一项议案。既然0反对2号和3号议案，因而他必然赞成1号议案。

题2选（3）。因为H、N、O三个议员肯定投反对票。

题3选（2）。根据条件③、④，J反对1号议案，O反对2号和3号议案，同此他们两人不可能赞成同一议案。

题4选（2）。若1号议案通过，则K、L、N投赞成票；若2号议案通过，则J、K、L、M投赞成票；若3号议案通过，则J、K、L、M投赞成票。综上所述，3个议案中某一议案被通过，K或L都投赞成票，故选（2）。

题5选（4）。因为如果M的表决跟O一样，那么2号和3号议案都必将被否决（条件①、④、⑥）。同理选（3）和（5）都是明显错误的。选（1）和（2）也不一定对。因为肯定赞成1号议案的只有三位议员，他们是M、N、O。因此1号议案可能被通过，也可能被否决。

题6选（2）。因为1号议案已有两票反对（H和J），再加上K和L（根据条件⑤），共四票反对，因此必被否定。同理选（1）是明显错误的。而（3）、（4）、（5）的结论可能是对的，也可能是错的，这要看J和M的立场如何，本题末表明他们的态度，所以我们

也就无法确定2号议案或3号议案是被通过还是被否决。

🎈 杂技演员叠罗汉

答案： 做此题时，先根据已知条件①和②画出站人位置，这样可以更直观地解答题目。

从图中我们可以看出五个成人杂技演员分别站在最底层的四个位置和第二层中间那个位置上，其余的位置都供儿童杂技演员站立。

题1应选（1）。因为这是第二层的位置排列，所以除了中间一人是成人杂技演员外，旁边的两人应是儿童杂技演员。由此可先排除（2）。由本题题意"X站在V的肩膀上"可知，如果X站在第二层，那么V势必站在第一层，这样就违反了已知条件4，因此（3）也错。又由本题题意"M和W肩并肩地站在同一层上"可知：M就是站在第二层中间的那一位成人杂技演员，因此（4）和（5）都错。只有V、M、N的排列符合所有条件，有可能组成第二层的排列，故选（1）。

题2应选（1）。由本题题意可知，Q是站在第二层中间的那位成人杂技演员；N不是站在第一层的第二个位置上，就是站在第一层的第三个位置上。

但是不管 N 站在哪个位置上，根据答案中没有跌倒的所剩人数，可推出 M 站在第一层靠边的一个位置上。从答案分析的所列图形中可看出，如果 M 跌倒了，那么他上面的三个儿童杂技演员也同时跌倒，这样所剩人员将是三个大人和两个小孩。（2）、（3）、（4）、（5）均违反这一条，即所剩小孩人数在三个或三个以上，因此错。

题 3 应选（4）。从答案分析中，我们已经知道，五位儿童杂技演员分别站在第二层（2人），第三层（2人）和第四层（1人），因此如果 X 和 Z 站在第二层，那么 V 和 W 将分别站在第三层和第四层，这样第三层还有一位置可供 Y 站立；如果 X 和 Z 站在第三层，那么 V 和 W 将分别站在第二层和第四层，这样第二层有一位置可供 Y 站立，故选（4）。

题 4 应选（5）。由题设条件和本题题意可推出 O 是站在第二层中间的那位成人杂技演员，N、M、P 站在第一层，由 M 将 N 和 P 隔开，因此不管 Q 站在第一层哪一边上，M 始终站在中间的位置。即第二或第三个位置上，而 N 和 P 则有可能站在中间，也有可能站在边上。下面我们来逐个分析排除：由 M 所站位置可看出，如果他跌倒，那

么他上面的一个成人杂技演员和四个儿童杂技演员将同时跌倒，这个结果与（1）的结果不符，故（1）错。从上面分析可知，我们不能确定 N 和 P 是站在第一层中间还是旁边，因此（2）和（4）推断的结果也就无法成立。我们已知 O 是站在第二层中间的那个成人杂技演员。如果他跌倒，他肩上的三个儿童杂技演员也将同时跌倒，因此（3）也错。而 Q 是站在第一层边上的成人杂技演员，如果他跌倒，那么他上面的三个儿童杂技演员也将同时跌倒、（5）的推断结果与这一结果相符，因此肯定正确。

题 5 应选（3）。假设 X 和 Y 肩并肩地站在同一层上，由于 X、Y 都是儿童演员，由条件①、④得知，他们只能站在第三层。又因为，W 和 V 均是儿童，他们可以站的位置只能是第二层和第四层，这就与 W 站在 V 的肩上这一条件不符，所以，X、Y 不能站在第三层。综上所述，X、Y 肩并肩地站在同一层是不可能的。

题 6 应选（1）。由本题 "W 站在 N 和 P 的肩上" 可推出 W 站在第二层，N 和 P 站在第一层，因为二层以上不可能有两个成人杂技演员站在同一层上；再由 "X 站在 M 和 V 的肩上" 可

推出：X站在第三层，M和V站在第二层，因为V是儿童杂技演员，不可能站在第一层，否则违反已知条件④。本题中V和M站在同一层，那么一定是第二层，因为第二层有一个成人杂技演员，他就是M，而第三层和第四层是不可能出现成人杂技演员的。现在我们已知站在第二层上的三位杂技演员是W、M和V，其中W和V不管站在哪一边，M肯定站在他们中间，因此（1）肯定正确，其他选择由于条件不充分而不能推出。

题7应选（3）。由题中"N和Y站在M的肩膀上"可推出：M站在第一层，N和Y站在第二层，N是站在第二层中间的成人杂技演员；由"Z站在P和O的肩膀上"可推出：P和O站在第一层，Z站在第二层（详细分析见上题）。现在我们已知：站在第二层中间的成人杂技演员是N，Y和Z分别站在N的两旁。因此，（3）肯定对，其他选择则不一定。

🎈 **五人组合的乐队**

答案： 类似这种题目，我们可以先根据题设条件画一个乐器分配表格，这样可以大大缩短解题时间。

班卓琴	凯伦
钢琴	路易斯
吉他	马克或南希
鼓	马克或南希
口琴	杰克

题1应选（1）。因为选（2）违反已知条件①；选（3）违反已知条件②；选（4）违反已知条件③；选（5）违反已知条件②。因此，只有选（1）有可能正确。

题2应选（5）。根据已知条件可推断：除了路易丝外其他人都不会弹钢琴。而每场演出中他们每人都得演奏一件乐器，且所有的五种乐器都得用上。因此尽管她会演奏任何一种乐器，但每次演出时，路易丝一定弹钢琴。

题3应选（2）。根据已知条件①得知凯伦只能演奏班卓琴，因此这一判断肯定不能成立。

题4应选（4）。由已知条件我们已经知道凯伦演奏班卓琴，杰克吹口琴，路易丝弹钢琴，而吉他和击鼓，或由南希或由马克来承担。这就是说，要么南希击鼓马克弹吉他，要么南希弹吉他马克击鼓，现已知南希击鼓，因此可推知马克肯定弹吉他。

三人成立委员会

题1应选（3）。根据已知条件①和②可知乔治不能入选；根据已知条件③，可知罗伯特不能入选，除他们两人外其余四人都有资格，故选（3）。

题2应选（4）。根据已知条件③可排除罗伯特，其他人均可入选。

题3应选（2）。因为艾略特和伦纳特拒绝进入委员会，这就意味着所剩的男性候选人只有乔治和罗伯特两人，而这个委员会由三人组成，这样势必有女性参加，根据已知条件③，罗伯特又不能入选，因此真正留下的候选人只有四人，其中乔治和珍妮又是亲戚关系，又不能一同进入委员会，否则违反已知条件①和②，所以可能的组合只有两种：一种是乔治、海伦和苏三人组成，另一种是珍妮、海伦和苏组成。

题4应选（4）。因为入选的是乔治，根据已知条件①和②可排除珍妮；因为委员会不能全部由同性人员组成，根据已知条件③可排除罗伯特。其余四人均有资格当选为另两位委员会成员，故选（4）。

题5应选（5）。

根据条件排卡片

答案：题1应选（4）。（1）、（2）

和（5）明显违反已知条件①和③。（3）的排列也是错的。如果这样，根据已知条件③，周年纪念卡只能统统放在第四排，这样就违反了已知条件②。只有（4）符合所有已知条件。

题2应选（1）。因为生日卡不能放在第四排，且生日卡数目又最多，共四张，因此这四张卡片必须放在前三排六个位置上。如果选（2）、（4）、（5），第三排就会出现三张生日卡，这样就违反了已知条件②，所以错；如果选（3），则明显违反了已知条件③，所以也错；只有（1）符合所有条件，而且也只有这种排法才可能避免排其他卡片（如周年纪念卡）时违反已知条件，故选（1）。

题3应选（3）。由上题我们已知，四张生日卡应排在第二排（两张）和第三排（两张），三张周年纪念卡，分别排在第一排（一张）和第四排（两张）。因此我们可以直截了当地选出两张生日卡与一张结婚卡或一张毕业卡那个组合就行了。如果你想进一步分析其他选择的错误，你会看出：选（1）明显违反已知条件③；选（2）、（4）、（5）会违反已知条件②。

题4应选（3）。从前二题中我们已知：为了满足所有题设条件，四张生日卡已经占去了第二排和第三排的四个位置，三张周年纪念卡占去了第一排和第四排的三个位置，余下可供结婚卡和毕业卡放的位置只有第三排一个位置和第四排两个位置，本题要求两张毕业卡放在一行内，那么只有第四排的两个空位可满足这一要求，因此选（3）。

题5应选（2）。为了满足已知条件②和③，3张周年纪念卡必须分别放在第一排（一张）和第四排（两张）。其实，这一点我们在解答前几题时就已经讲得很清楚了，其他选项则不一定对。

题6应选（3）。如果第一排是一张生日卡，根据已知条件③，那么三张周年纪念卡就只好放在第四排，这样便违反了已知条件②，故一定错。其他选项中，（1）和（4）肯定对，（2）和（5）也有可能对，详细分析可参见前几题。

题7应选（5）。五个选择中，（1）肯定错；（2）、（3）、（4）陈述的情况不是每种排列中都会出现的，只有（5）陈述的这种情况在每种符合条件的排列中一定如此，故选（5），详细分析见答题5。

一种密码的学问

答案：

题1选（2）。我们只要记住已知条件③，就可以立即选出正确答案。

题2选（1）。自已知条件②、④、⑤可知，三个字母中K和M两个字母在这样的条件中是不可能有用场的。因此只有L一个字母可用；再根据已知条件③，可得知这样的密码文字只有LL一种，故选（1）。

题3选（3）。选（1）违反条件②；选（2）违反条件④；选（4）违反条件⑥；选（5）违反条件④。故选（3）。

题4选（2）。既然条件限制在三个字母内，那么根据已知条件②、④、⑤、⑥，可先排除K、M、O三个字母，因此剩下的只有LLL及MN两种。

题5选（3）。因为用O替代N后，原来的密码文字变为MMLLOKO，这样就违反了已知件⑤，故为错。

题6选（4）。遇到这种题目我们可先将这个错误的密码文字找出来，然后再看是否可根据题中所限制的条件将它改正。我们可以发现，（4）组中的密码文字明显违反已知条件④，但只要将M与前三个字母NKL任一位置交换即可变成一个完全符合条件的密码文字，因此选（4）。

题7选（5）。让我们逐个来排除：（1）中的X一定要L替换才能符合已知条件⑥，但这组字母中没有L，故不行。（2）组中的密码文字本身就违反了已知条件④，因此也不行。（3）与（1）同理。（4）中的X必须由N代替才能符合已知条件⑤，而这个密码文字中没有N这个字母，因此同样不行。只有选（5），才能符合所有的已知条件，故选（5）。

六匹马赛跑

答案：题1选（3）。根据条件②，可排除（1）、（4），又根据条件①，格利特尼斯和密斯托透不能同时上场，故（2）也不符，所以只能选（3）。

题2选（1）。根据条件①，可知第一跑道肯定由格利特尼斯或密斯托透来跑，是不能空着的。

题3选（3）。根据条件②、③可得出。

题4应选（4）。根据题设密斯托透在第五跑道，第六跑道是空的，则由条件①、条件②，可得出格利特尼斯在第一跑道，维吉兰斯在第四跑道，故（1）、（3）不符。根据条件④，可知松迪亚克在第七跑道上；又根据条件③，可推出利物莱巨在第二跑道，所以特阿鲍特在第三跑道。（2）、（5）不符，故选（4）。

题5应选（2）。根据题设及条件②，可知维吉兰斯在第四跑道；又根据条件④，可得知密斯托透不可能在第五跑道，因此选（2）。

题6应选（5）。根据题设及条件②可知，维吉兰斯由第四骑师骑，则（1）、（4）不符合要求。又根据条件③，利物莱巨不能在第六跑道，所以（2）不选。根据条件④，（3）显然不符。故选（5）。

六个露营者的洗碗工作

答案：

题1选（4）。（1）违反已知条件⑤和⑥；（2）和（3）违反已知条件①和③；（5）违反已知条件③和⑥；只有（4）符合所有条件，故选（4）。

题2选（1）。由题设条件①和本题条件可知，贝蒂在第二天洗碗；由已知条件⑤可知吉娜在第五天洗碗；再由已知条件③可知爱丽丝在第三天洗碗；最后由已知条件②可知，卡门不在第四天洗碗，故选（1）。

题3选（3）。由已知条件②和本题条件可知，卡门在第四天洗碗，哈里特在第五天洗碗，故排除（2）和（5）；由已知条件③可知吉娜在第三天洗碗；余下还有第二天和第六天，根据已知条件⑤可推出吉娜不在第五天洗碗，贝蒂也不在第二天洗碗，因此贝蒂将分配在第六天洗碗；余下的第二天只能分配给多拉，故选（3）。

题4选（5）。由已知条件⑤与本题条件可知，吉娜在第五天洗碗；再由条件③可知，爱丽丝在第三天洗碗。除此之外，我们不知道其他人该在哪天洗碗，因此哈里特有可能在第一天，也有可能在第四天或第六天洗碗。因此选（5）。

 摄影师的两卷胶卷

答案： 首先根据题设条件④可推出：X卷照的是彩色照片，供这个候选人获胜时用；Y卷是黑白照片，供这个候选人落选时用。

题1应选（2）。由以上答案分析，我们可以立即推出（2）的结果，当然这是根据已知条件①和④推出的。

题2应选（1）。因为尽管Y卷中的底片只有X卷的一半（已知条件③），然而X卷中大部分底片即超过1/2以上的底片报废无用，因此Y卷中有用的底片肯定比X卷中有用的底片多。

两队三胞胎的婚配

答案： 从已知条件中，我们可先推

出每对三胞胎都是由二男一女组成，N和Q是兄弟关系，O和R是同胞关系。明白这一点，我们可以在推理中可省去不少时间。

题1应选（5）。从题意分析中我们已经知道，N和Q是兄弟关系，O和R是同胞关系。M或P，可能属于N和Q这一对，也可能属于O和R这一对，但是N、Q绝不可能是O、R的同胞兄弟姐妹，由此可知：R和O不可能是同胞兄弟姐妹关系。而其他几对都有可能是同胞兄弟姐妹关系。故选（5）。

题2应选（5）。此题可用排除法一个一个地分析：如果M和Q是同胞兄弟姐妹，那么我们可以假设M是女的，P是男的，但我们仍不知道究竟O或者R是女的，因此（1）错。选（2）也错，因为Q和R不可能是同胞兄弟姐妹（分析见题1的答案），因此更不能知道R是否一定是女性。如果P和Q是同胞兄弟姐妹，由此我们可以假设P是女的，M是男的，但我们还是不知道究竟O或者R是女的，因此选（3）也错。如果O是P的小姑，那推断的结果必定是R是男性，故选（4）同样错。在O是P的小叔这一条件下，我们可以推断在M、O、R这对三胞胎中

M、O都是男性，R必定是女性。因此选（5）正确。

题3应选（2）。

题4应选（1）。根据题意，我们已经知道，N和Q是男的。如果Q和R结为夫妇，我们可以推断R是女的；O是男的，因此（2）和（4）肯定错，而（3）和（5）则不一定对，只有（1）肯定正确。

题5应选（4）。根据已知条件与本题附加条件，可推断出P、R、O三人是同胞兄弟姐妹，其中O是女的；N、Q、M三人是同胞兄弟姐妹，其中M是女的。由此我们可以看出，除（4）之外的其他选择都错。

表针重合

答案：先看看12点整时两枚指针的情况：

这个时候两枚指针互相重合，由于时针走得比分针慢，两者的速度之比是1∶12。因此，在最近的一小时之内，两枚指针是不可能重合的。一个小时以后，时针指在"1"上，转了一周的1/12，即30°；而分针则转了整整一周，即360°，重新指到"12"点上，滞后于时针30°。

如果把题目设想为两枚指针的竞赛。那么，竞赛的条件已经与12点整时发生了变化：时针的转动速度比分针慢，但它却暂时处于领先地位，分针将要赶上并超过它。如果这场竞赛再持续一小时，那么分针又将转过一周，360°；而时针只转了30°，亦即分针比时针多转了一周的11/12。

如果要赶上时针，就要把滞后的那个30°"拉回来"，所需的时间肯定少于一小时。已知两者的速度之比为1∶12，也即分针的速度比时针大11倍，那么，两枚指针要过1/11小时，亦即60/11＝5又5/11分钟时再次重合。

由此可以推知，在12小时之内，两针发生重合的次数将是11次。第11次重合将发生在第一次重合以后的第12小时，亦即发生在12点整。换句话说，在第11次重合时，两针又回到了第一次重合的位置上，以后就将按照这个规律周而复始地运转下去。

下面是两针在每12小时之内各次重合的时间：

第一次：1点5又5/11分；

第二次：2点10又10/11分；

第三次：3点16又4/11分；

第四次：4点21又9/11分；

第五次：5点27又3/11分；

第六次：6点32又8/11分；

第七次：7点38又2/11分；

第八次：8点43又7/11分；

第九次：9点49又1/11分；

第十次：10点54又6/11分；

第十一次：12点。

 九个人一起游戏

答案：

题1根据条件②，（1）、（2）首先应予以排除；根据条件③，（3）、（4）也应予以排除。因此，选（5）。

题2（1）应予排除，因S和T是同性别的成人，违反已知条件①；（2）和（5）也应排除，因为X必须和S或U同组。由条件①可知S、T、V肯定在第二或第三组，但（3）中缺V，故也应排除别的（当然用此法也可否定（5））。因此，选（4）。

题3（1）违反已知条件②；（5）违反已知条件③；U和V是同性别的成人，不能编在一组，（4）应予除排。（2）也应该排除，因为W、S、U编在一组，显然违反了已知条件③。因此，你应该选（3）。

题4选（1）。因为参加游戏有两男、三女和四个孩子，根据条件①，两男分别分在两个组里，三女分别分在三个组里。还有四个孩子必须这样分配，

在有男人又有女人的组里可搭上一个孩子，而没有男人只有一个女人的组里搭上两个孩子。因此（1）肯定是对的，其他答案（2）、（3）、（4）不一定对，（5）则完全错误。

题5应选（4）。选（1）不行，因为R和S同组，违反条件①。选（2）不行，因为R和W同组，违反条件②。选（3）不行，因为X没有和S或U同组，违反条件③。选（5）不行，因为U和V同组，违反条件①。故选择（4）。

 解决劳务争端委员会

答案：题1应选（3）。此题可用排除法解：（1）和（2）违反已知条件⑥；（4）违反已知条件④；（5）违反已知条件⑤。只有（3）符合所有题设条件，故选（3）。此题还可用排列组合的方法来解答。根据排列组合原理，组合的种数为18种，除去条件限制不能组合的13种，能够组合的只剩下五种：J、M、O、R、S；K、M、N、P、R；K、M、N、R、S；K、N、O、R、S；K、M、O、R、S。这里只有（3）与其中的一种组合相符，故选（3）。

题2选（5）。根据已知条件④，三个工人中P和S是相排斥的，而三

人中必须选出两名工人代表，因此不管是P还是S入选，R必定入选，因为P和S不可能同时入选。

题3选（4）。根据题设条件和本题条件可以推断，这个委员会的成员将由P、R、M、N和K五人阻成。因为两名工人代表确定后，根据已知条件⑤，可推出两名管理人员代表是M和N；再根据已知条件⑥，可推出一名专家代表为K。因此只有X和Y的判断对。故选（4）。

题4选（4）。根据题设条件及本题题意，两个专家中J入选后，K便不能入选，由此可推出管理人员中N不能入选（已知条件⑥）。N不能入选，O就一定入选，这样工人代表中P不能入选（已知条件⑤）。因此入选的五位委员会成员肯定是：J、M、O、R、S，而名单中含有K、N、P中任何一个人的那份名单均不可能正确。

题5选（5）。根据本题题意和已知条件⑥，可知专家代表为K。而管理人员的两名代表既可以是M和N，也可以是N和O，因为不管哪种情况都符合所有条件。因此（5）肯定正确。

题6选（3）。因为J被选人委员会，K就不能选入，否则违反已知条件③；而K不选入，N也不能选入，否

则违反已知条件⑥；N不选入，O必被选入，因为管理人员三人中必有两人选上；既然O被选入，P便不能被选入，否则违反已知条件⑤。

🎈 交换舞伴

答案：

题1很明显，根据条件①，便可判断（1）是正确的答案。

题2选（3）。因为只有（3）中列举的三种情况，才能使第一次交换的舞伴又交换回去。

题3选（5）。根据已知条件①、②以及本题题意，可以得知两次交换后的四对舞伴是：巴斯克先生和帕尔德夫人，帕尔德先生和巴斯克夫人，罗伯特先生与杰弗逊夫人，杰弗逊先生和罗伯特夫人。（1）、（2）、（3）、（4）的陈述都与这个结果相违背。只有（5）的陈述与结果相符，故选（5）。

题4选（4）。由题设条件可知：只有在口令"Y"发出后，才对巴斯克夫妇交换舞伴起作用，而口令"Z"和"X"都与他们无关。如果第一次口令是"X"，那么，第二次口令也必须是"X"，他们夫妇才可能重新结为舞伴。但本题题意明确告知第二次口令是"Y"，因此，第一次口令绝对不可能是

"X"，而只能是除了"X"之外的其他任何一种口令。由此看来（1）和（5）肯定错，而（2）和（3）有可能对，但又不一定对，只有（4）才肯定正确。所以，选（4）。

题5选（1）。如前提所述，只有口令"X"，才对巴斯克夫妇交换舞伴起作用，而且只有当巴斯克夫人与帕尔德先生结为舞伴后，才有可能在口令"Z"之后产生本题所陈述的结果。因此，第一次口令肯定是"X"。

题6选（5）。根据题设条件与本题题意可推出三次交换后的四对舞伴是：帕尔德先生和巴斯克夫人，杰弗逊先生与帕尔德夫人，罗伯特先生与杰弗逊夫人，巴斯克先生与罗伯特夫人。

安娜查家谱

答案：

题1应选（5）。由已知条件②便可推知。其他选择根据不足。

题2应选（2）。既然约翰死于罗伊之前，海泽尔又出生于罗伊死之后，那么海泽尔也肯定生于约翰死之后，因此该判断正确。其他各判断都由于根据不足而无法推断。

题3应选（2）。此题可用排除法来解。根据已知条件①，罗伊生于约翰

之前，可推出（1）肯定错；根据已知条件②，斯特拉死于罗伊之前；又根据本题题意海泽尔生于罗伊死后，可推断（3）、（4）、（5）肯定错。由此只剩下（2）："罗伊是斯特拉的父亲"这一判断有可能对。

邮购公司销售果酱

答案：

题1选（1）既违反已知条件②，又违反已知条件⑤，选（2）违反已知条件⑤。选（4）、（5）都违反已知条件①。因此，应选（3）。

题2你应该立即判定：选（2）。因为（2）是违反已知条件④的。

题3选（3）。选（1）违反已知条件②和⑤。根据已知条件⑤，选（2）是不行的。如果该箱含有草莓果酱，必定含有苹果果酱，再加上葡萄果酱、橘子果酱，这一箱中便会有多于三种口味的三罐果酱。这就违反了题意和已知条件。选（4）、（5）都会产生类似于选（2）时出现的问题。像这样的类似题目，你可以根据已知条件⑤直接找苹果果酱，这样就可以提高做题速度。

题4选（1），由橘子果酱、桃子果酱、葡萄果酱装成一箱符合所有的题设条件。选（2）和（4）违反已知条件

②。选（3）违反已知条件②、④、⑤。选（5）违反已知条件②、④。

题5选（4）。根据已知条件②，只有（2）和（4）有可能对，而（2）违反已知条件⑤、①和题设条件，故只能选（4）。

题6选（1）。因为根据已知条件⑤，含有草莓果酱必然含有苹果果酱，又根据已知条件④，苹果果酱与桃子果酱不能同时装在同一箱内。再根据已知条件⑤，草莓果酱和桃子果酱也不能装在同一箱内。

 ## 城市的单向街道

答案：

题1应选（4）。根据已知条件②和③，可知其中三条街道与另外三条街道相交；根据已知条件④和⑦，可知R与N中间相隔一条街道，互相平行；根据已知条件⑤，可知P与R相交；又根据已知条件⑥，可推出P与O与Q平行，进一步可推出O、P、Q相交于M、N、R，由此，我们可以看出（1）、（2）、（3）、（5）都错，因为它们之间都是平行关系，只有Q和N相交，故选（4）。

题2根据已知条件②和③可画出这几条街道的草图。应选（1）。由上

题我们已经知道M、N、R三条街道互相平行；根据已知条件⑦，可推出M相邻于N和R两条街道；而根据已知条件④，可推出在M街上的车辆与N街、R街上的车辆均朝相反的方向行驶。因此，（1）的判断肯定正确，而其他判断则不一定。

题3应选（5）。从第2题，我们已经知道M、N、R三条街道互相平行，但N、R街上的车辆与M街上的车辆的行驶方向相反。根据已知条件⑧，可知车辆在M街上向南行驶，那么车辆在N和R街上肯定向北行驶。由本题附加条件可知，车辆在P街上向西行驶，我们可推断：从P街转到R街肯定是右转弯。故（5）的判断肯定正确。而（1）、（2）、（4）的判断不一定对。（3）的判断则完全错误，因为这三条街道互相平行，不可能相交。

 ## 乘橡皮艇探险

答案：为了叙述方便，我们把两条橡皮艇分别命名为"1号艇"与"2号艇"。

题1如果你熟记已知条件，你就不难断定，应该选（1），因为已知条件④告诉你，南丁和库尔特不能同坐一条橡皮艇。

题2让我们这样来考虑问题：雷切尔与佩费尔同乘一条橡皮艇（设1号艇），那么根据已知条件①，托马斯也乘坐这条艇。如果这三个人同坐一条艇，那么2号艇坐的就是南丁、马坦、费雷德与库尔特。可是，根据已知条件④，库尔特同南丁、佩费尔均不能同乘一条艇，因此，南丁必须同雷切尔、佩费尔、托马斯同坐1号艇，即雷切尔、佩费尔乘坐的橡皮艇上有四个人。因此，你应该选（4）。

题3选（3）。如果库尔特与马坦在1号艇，则由已知条件④可知，南丁、佩费尔必须在2号艇；马坦在1号艇，则由已知条件②可知，费雷德只能在1号艇，1号艇已有了3个人；由已知条件①可得托马斯与雷切尔在一起只能在2号艇，所以，（1）、（2）、（4）、（5）都错，只能选（3）。

题4选（5）。选（4）明显违反条件④。若在一条艇上只有两个人，那么，另一条艇的人数就会超出，违反已知条件③，故（1）、（2）、（3）不对。所以，选（5）。

乘独木舟旅行

答案：

题1你最好能一眼看穿：选（1）

是正确的。选（1），将会得到其中的一和组合：儿子、母亲、母亲；儿子、父亲、女儿；儿子、女儿、父亲。这利组合可以满足所有的题设条件。

题2选（2）。作为验证，我们将指出选（1）、（3）、（4）、（5）都是不行的。选（3），显然违反已知条件②。选（5），显然违反已知条件③。选（4），根据题意和（4）的选择将会产生如下组合：吉姆、珍妮、玛丽；受已知条件②的限制，罗伯特不能和埃伦、苏珊同坐一条船，那么这条船上将是埃伦、苏珊、威廉（或托米、或丹）；而第三条船上坐的将是罗伯特和他的两个儿子，这就违反了已知条件③。选（1）的情况类似于选（4）。如果选（1），将会出现如下的情况：吉姆、珍妮同坐一条独木舟；埃伦、苏珊同坐一条独木舟。这样，第三条独木舟上肯定坐罗伯特一家人中的三个，这显然也违反了已知条件③。

题3选（2）。因为这样一来，四个父母辈的人分坐在两条独木舟上，第三条独木舟上坐的全是儿女辈的人，这就违反了已知条件②。逻辑部分的选择题，都是单选题，答案是唯一的。你有把握作出正确的选择，其余的备选小题，你甚至可以不用去考虑。

题4选（4）。根据题意和条件②，P和R的断定肯定是对的。因为，为了满足已知条件②和③，吉姆家的两个孩子不能坐在同一条独木舟上，罗伯特和玛丽也不能坐在同一条独木舟上。而Q的断定有可能对，也有可能错。可能性就不能保证每种组合的绝对正确。因此除（4）外，其他选择都是片面的或不一定正确。

　　题5选（1）。由题目我们已知罗伯特家的两个男孩已经跟着吉姆去徒步旅行，因此剩下的三个孩子只能是吉姆家的两个女儿和罗伯特家的一个儿子。只有（1）和这个结果相符，故选（1）。

 得病的人们

　　答案：

　　题1应选（3）。根据已知条件②，L病不会有喉咙痛的症状，因此，这个病人患的肯定不是L病。

　　题2应选（2）。根据已知条件③和④，患了T病的人不一定发皮疹，而患了Z病的病人肯定不会发皮疹，但他至少表现出头痛这种症状，我们无法判断这个病人究竟患的是哪一种病。但是有一点我们已经知道：患这种病的病人都会有头痛的症状。因此，（2）肯定对。

　　题3应选（5）。下面，我们逐项

地来分析：根据已知条件②，可推出米勒得的不是L病，因此，选（1）肯定错。根据已知条件④，可推出Z病病人可能会表现出喉咙痛，也可能不会表现出喉咙痛这种症状，我们无法断定米勒得的是不是Z病。因此，选（2）和（4）都不行。根据已知条件①，我们也可推出同样的结果，即米勒可能患的是G病，也可能患的不是G病，所以，（3）也不对。根据已知条件③，可知患T病的病人肯定会表现出喉咙痛的症状，而米勒没有喉咙痛的症状，因此，他患的肯定不是T病，由此，选（5）肯定正确。

　　题4应选（4），根据已知条件①，患G病的人除了发烧和头痛两种症状外，他还会发皮疹，因此，（1）错。根据已知条件②，患L病的人不会头痛，因此（2）也错。根据已知条件③，可知患T病的人有喉咙痛的症状，因此，（3）和（5）都错。根据已知条件④，患Z病的人除了头痛，还伴有其他一种症状，因此这个病人患的肯定是Z病。

 阿波罗影剧院

　　答案：

　　题1应选（2）。根据已知条件④

可知：P在星期一不看电影。根据已知条件⑤和⑥可知：Q和R不看喜剧片。如果星期一安排喜剧片，只有N和O两人看，如果安排音乐片就有N、O、Q三人看，安排科幻片或恐怖片就有N、Q、R三人看，安排灾难片就有N、O、R三人看，因此，（1）、（3）、（4）、（5）都不符合条件，只能选（2）。

题2应选（4）。让我们来逐个分析排除。（1）如果那一天是星期三，上映的是音乐片，那么就会有P、N、O或Q、N、O三个人去看，违反本题题意，判断错误。（2）如果那一天是星期二，上映的是灾难片，那么就会有P、O、R三人去看，也超过了两人，判断错误。（3）如果那一天是星期一，上映的是音乐片，那么就会有N、O、Q三人去看，也错。（5）如果那一天是星期四，上映的是恐怖片，那么就会有N、Q、R三人去看，同样错。让我们再来看看（4）。如果那一天是星期二，上映的是科幻片，那么看电影的影评员就只有P、R或Q、R两人观看，因此，只有（4）符合条件，故选（4）。

题3应选（1）。如果星期二上映恐怖片，星期三上映西部片，那么，星期二看电影的影评员一定是Q和R。根据已知条件⑤，Q不能看西部片，又

根据已知条件①，P与Q不能一同看电影，因此Q肯定在星期二看，P肯定在星期三看，星期三看电影的影评员肯定是N、O、P，这样正好符合本题题意，故选（1）。分析一下其他选择，我们将会发现均不对。如果选（2），那么星期二看电影的影评员是O、P、R，星期三看电影的影评员是P、N、O，结果，O、P重复看，Q却一次也轮不上，故错。如果选（3），那么星期二看电影的影评员将是P和O，星期三看电影的将是N、O、Q，这样O重复二次，R一次也轮不上，也错。如果选（4），那么星期二看电影的影评员将是O和Q，星期三看电影的影评员是N、O、P，同样O重复二次，R一次也轮不到，因此错误。如果选（5），那么星期二看电影的影评员是P和O，星期三看电影的影评员是N、O、P。不但O和P重复二次，而且Q和R二人都没轮上看一次，因此更错。

P城与Q城之间的旅行

答案：

从题中条件可知公共汽车路线为：P-R-S-T-U-Q；火车路线为P-V-W-T-X-O。这样可以省去不少时间。

题1选（4）。从乘车路线可以明

显看出，其他各城之间均可乘公共汽车或乘火车直接到达，而从U城到X城之间没有直达车，必须换车才能到达，因此选（4）。

题2选（3）。从乘车路线可知，从V城到U城没有直达车，由此可先排除（1）和（2）。从路线图中，还可看出，从V城到U城必须先乘火车到T城，然后乘公共汽车去U城。再根据已知条件，我们可知从V城只能先乘坐早班普通列车到T城，下车后换乘公共汽车即可到达。由此我们又可排除（4）和（5）。而留下的（3），正好符合条件，故选（3）。

题3选（5）。从乘车路线来看，从X城可直接乘火车到达P城，但为了满足本题尽可能少停站的条件，可从X城乘一列早班普通列车到T城，然后，转乘特快列阵，因为根据已知条件⑥，特快列阵中途只在T城停靠，这样便可减少两个停靠站。

题4选（1）。同理，从X城到R城必须再乘火车到T城，然后再换公共汽车到R城，这在路线图上便可一目了然。由此，我们可先排除（2）、（4）、（5）。由已知条件⑥，可知Q城到P城的特快列车，只在T城停靠，因此，在X城上不了车，从X城到T

城的唯一车辆是早班普通列车，由此，我们又可排除（3）。剩下的（1）符合所有条件，所以，选（1）。

🎈 缺失的数字

答案： 由于每一列都是四个不同的数字相加，所以一列数字加起来得到的和最大为9+8+7+6，即30。由于I不能等于0，所以右列向左列的进位不能大于2。由于向左列的进位不能大于2，所以I（作为和的首位数）不能等于3。于是，必定等于1或2。

如果I等于1，则右列数字之和必定是11或21，而左列数字之和相应为10或9。

于是，（B+D+F+H）+（A+C+E+G）+I=11+10+I=22，或者（B+D+F+H）+（A+C+E+G）+I=21+9+I=31。

但是，从1到9这十个数字之和是45，而这十个数字之和与上述两个式子中九个数字之和的差都大于9。这种情况是不可能的。因此I必定等于2。

既然I等于2，那么右列数字之和必定是12或22，而左列数字之和相应为21或20。于是，（B+D+F+H）+（A+C+E+G）+I=12+21+2=35，或者（B+D+F+H）+（A+C+E+G）+I=22+20+2=45。

这里第一种选择不成立，因为那十个数字之和与式子中九个数字之和的差大于9。因此缺失的数字必定是1。

至少存在一种这样的加法式子，这可以证明如下：按惯例，两位数的首位数字不能是0，所以0只能出现于右列。于是右列其他三个数字之和为22。这样，右列的四个数字只有两种可能：0、5、8、9（左列数字相应为3、4、6、7），或0、6、7、9（左列数字相应为3、4、5、8）。显然，这样的加法式子有很多。

 ## 史密斯家的人

答案：判定两位女士可能在哪四天做健美操；然后判定在余下的三天中每天是哪位男士做健美操。最后在女士做健美操的四天中判定有哪一天一位男士也可做健美操。

根据①，奥德丽做健美操的日子，不是星期日和星期五，便是星期一和星期六。

Ⅰ.如果奥德丽在星期日和星期五做健美操，那么根据②和⑤，布伦达在星期二和星期六做健美操。

Ⅱ.如果奥德丽在星期一和星期六做健美操，那么根据②和⑤，布伦达在星期日和星期四做健美操。

如果Ⅰ能适用于实际情况，则根据⑤，康拉德和丹尼尔做健美操的日子是星期一、星期三和星期四；根据③和④，具体在哪一天，可以是Ⅰa.康拉德在星期一和星期四做健美操，丹尼尔在星期三做健美操，或者Ⅰb.丹尼尔在星期一和星期三做健美操，康拉德在星期四做健美操。

如果Ⅱ能适用于实际情况，则根据⑤，康拉德和丹尼尔做健美操的日子是星期二、星期三和星期五；根据③和④，具体在哪一天，可以是Ⅱa.康拉德在星期二和星期五做健美操，丹尼尔在星期三做健美操，或者Ⅱb.丹尼尔在星期三和星期五做健美操，康拉德在星期二做健美操。

上述结果可以列表如下：

	奥德丽	布伦德	康拉德	丹尼尔
Ⅰa	星期日、五	星期	星期一、四	星期三
Ⅰb	星期日、五	星期	星期四	星期
Ⅱa	星期一、六	星期日、四	星期二、五	星期三
Ⅱb	星期一、六	星期日、四	星期二	星期三、五

根据③和⑤，在Ⅰb和Ⅱb中，康拉德没有另一个日子可做健美操。根据

④和⑤，在Ⅰa中，丹尼尔可在星期五做健美操；在Ⅱa中，丹尼尔可在星期一做健美操。在这两种情况中，史密斯家的成员总是奥德丽和丹尼尔。

第十三号大街

答案： 很明显，想从史密斯回答琼斯提的三个问题去寻找答案是毫无用处的。起始点应该是琼斯说的"如果我知道第二位数是否是1，我就能讲出你那所房子的号码"那句话。

分析一下琼斯是怎么想的，会对题目的解答很有用，尽管他的数字和结论是错误的。琼斯的想法是他认为他已将可供挑选的号码数减少到了两个，其中一个号码的第二位数是1。

如果琼斯认为这个号码是个平方数而不是个立方数，那么供挑选的号码就太多了（从4到22各数的平方数是在13～500之间；而23～36之间各数的平方数在500～1300之间）。看来他一定认为这是个立方数。

有关的立方数是27、64、125、216、343、512、729、1000（它们分别是3、4、5、6、7、8、9、10的立方数）；其中64和729也是平方数（分别为8和27的平方数）。

如果琼斯认为这个号码是小于500

的平方数和立方数，那么他便没有其他可选择的号码——只有64。如果他认为这个号码是500以上的平方数和立方数，那一定是729。如果他认为这个号码不是平方数而是500以下的立方数，那么就有四种可能性（27、125、216、343）；但如果他认为这个号码不是平方数而是500以上的立方数，那么只有两种可能性：512和1000，前一个号码的第二位数是1。

这个号码就是琼斯所想到的。

但从某些方面来看他想的并不对。他认为这个号码不在500以内，而史密斯在答复这一点时骗了他，所以它是在500以内。

琼斯认为这个号码不是个平方数；关于这一点，史密斯又没有向他讲真话，所以它是个平方数。

琼斯认为这是个立方数，关于这一点史密斯向他讲了真话，所以它是个立方数。

所以史密斯的门牌号是个500以下的平方数，也是个立方数（不是小于13）。所以它只能是64。

亨利一家拔河比赛

答案： 母亲加两个男孩子一方，战胜父亲加三个女孩子一方。

我们可以作如下的分析：

（1）如果把前两场比赛中获胜队的实力，以及战败队的实力分别合起来，即：母 +2 男 +3 女——父 +1 男 +4 女，让双方较量的话，无疑左方仍将获胜。

（2）从合队的各方同时减去 1 男 3 女，余下来的将是：母 +1 男——父 +1 女，优势仍然在左方。

（3）把上述分析（2）中双方的力量分别加到第三次比赛的两个队里去，胜方与胜方相加，负方与负方相加，形成这样的阵势：父 + 母 +2 男——父 + 母 +4 女，双方比赛的结果，显然左方仍可以稳操胜券。若双方同时把父、母力量减去，剩下 2 男——4 女，左方仍居于优势，即 1 男可以战胜 2 女。

把上述三项分析的结果综合起来，就证明了我们答题的结论，即母亲加两个男孩与父亲加三个女孩进行拔河比赛，母亲一方将会获胜。

如果借助于数学手段，本题的解答过程还可以简洁地作如下的表达。

令：F 代表父亲，M 代表母亲，B 代表男孩，G 代表女孩；不等式中较大的一端代表获胜方。

只要证明 $M+2B>F+3G$ 即可。

已知：$2B+3G>F$（1）

$M>B+4G$（2）

（1）、（2）两式相加，得：$M+2B+3G>F+B+4G$（3）

从（3）式两端同时减去 $B+3G$，得：$M+B>F+G$（4）

又已知 $F+B>M+3G$（5）

（4）、（5）两式相加，得：$F+M+2B>F+M+4G$（6）

从（6）式两端同时减去 $F+M$，得：$2B>4G$，即 $B>2G$（7）

（4）、（7）两式相加，得：$M+2B>F+3G$

证毕。

母亲加两男一方将战胜父亲加三女一方。

尤克利地区的电话线路

答案： 首先可以确定的是：E 镇与 A 镇之间有电话线路，因为 A 镇同其他五个小镇都有电话线路。那当然包括 E 镇在内了。

其余的是哪两个小镇呢？

我们从 B、C 两个小镇开始推理。

设：B、C 两小镇之间没有电话线路。那么，B、C 两镇必然分别可以同 A、D、E、F 四个小镇通电话。

如果 B、C 两镇分别同 A、D、E、F 四个小镇通电话，那么，只有三条电话线路的 D、E、F 三个镇就只能分别同 A、B、C 三个镇通电话。

如果是这样，那么，在 D、E、F 之间是不能通电话的。

但是，已知 D 镇与 F 镇之间有电话线路，因此，B、C 之间没有电话线路的假设是不能成立的。换句话说，B、C 两小镇之间有电话线路。

那么，有四条线路的 B 镇和 C 镇又可以同哪些小镇通电话呢？

从以上的推理中得知：B 镇、C 镇分别同 A 镇有电话线路，而它们相互之间又没有电话线路。另外的两条线路是通向哪里的呢？

假设：B 镇的另外两条线路一条通 D 镇，一条通 F 镇；C 镇的电话线路也是一条通 D 镇，另一条通 F 镇，如果这个假设成立，那么 D 镇、F 镇就将各有四条线路通往其他小镇。但是，我们知道，D、F 两镇都只同三个小镇有电话联系，所以，上述假设不能成立。

假设：B、C 两镇同 D、F 镇之间都没有电话线路。

如果这个假设成立，那么，B、C 两镇就只有三条线路同其他小镇联系，这又不符合 B、C 各有四条电话线路的已知条件。所以，以上的假设也不成立。

从以上的分析只能推出 B、C 两镇

各有一条电话线路通向 E 镇。B 镇的另一条线路或者通向 D 镇，或者通向 F 镇，C 镇的另外一条线路或者通向 D 镇，或者是通向 F 镇。

而对于 E 镇来说，它肯定可以同 A、B、C 三个小镇通电话。

共同分担家务

答案： 本题实际上是讲合理分配问题。合理分配问题一般是用两个人分一只烧饼的形式出现的，要把烧饼分给两个人，使得参加分配的每个人都满意地认为自己至少得到半只饼。

把一只烧饼分成三份，可以这样来解决：一个人拿一把较大的刀在烧饼上方慢慢移动，烧饼可以是任何一种形状，但是刀一定要这么移动，使某一边的烧饼量从零逐渐增加到最大。当这三个人中任何一个人认为这把刀处的位置正好使切下第一片的烧饼等于整块烧饼的 1/3 时，他（她）就喊："切！"这时刀马上切下，喊叫的那个人就拿这一份烧饼。由于他（她）已满意地觉得自己得到了 1/3，就退出以后的分配。如果两个人或三个人同时喊"切"的话，则切下的那一份烧饼随便给谁都一样。

其他两个人当然满意地觉得剩下的

至少有2/3，这样问题就还原到上例讲的那种情况了，只要一个人切，另一个人选，烧饼便可公平地分掉。

很显然，可以推广到N个人。随着刀子在烧饼上方移动，第一个喊"切"的人拿第一次切下的那块饼（或者把这块饼同时给喊"切"的几个人当中的任何一个人）。然后其余N－1个人重复以上步骤，这样一直进行下去，直到剩下两个人。最后剩的烧饼，两人可以像上例讲的办法那样来分，也可以继续用刀移动的办法来分。这个一般化的解题方法是用数学归纳来证明算法的一个很好范例，很容易看出，这种算法如何能应用于把一系列家务事分摊给几个人，并使得人人感到满意，觉得他分担的家务是公平合理的。

 15点游戏

答案： 要明白"15点"游戏的道理，其诀窍在于看出它在数学上是等价于"井"字游戏的！使人感到惊奇的是，该等价关系是在著名的3×3魔方的基础上建立的，而3×3魔方在中国古代就已发现。

要了解这种魔方的妙处，先列出其和均等于15的所有三个数字的组合（不能使两个数字相同，不能有零）。

这样的组合只有八组：1+5+9=15；1+6+8=15；2+4+9=15；2+5+8=15；2+6+7=15；3+4+8=15；3+5+7=15；4+5+6=15。

现在我们仔细观察一下以下独特的3×3魔方：

2 9 4
7 5 3
6 1 8

应当注意的是，这里有八组元素，八组都在八条直线上：三行、三列、两条主对角线。每条直线等同于八组三个数字（它们加起来是15）中的一组。因此，在比赛游戏中每组获胜的三个数字，都由某一行、某一列或某条对角线在方阵上代表着。

很明显，每一次游戏与在方阵上玩的"井"字游戏有相同的道理。那个艺人卡尼先生在一张卡片上画上幻方图，把它放在游戏台下面，只有他能看到（别人是无法看到的）。只有一种位置的幻方图结构，但是它可以旋转出四种不同的组合形式，而每一种形式可通过反射，又产生出另外四种形式，共八种形式。在玩这种游戏时，这八种形式中的每一种都可用作秘诀。效果都是一样的。

在进行这"15点"游戏时，艺人

卡尼先生暗自在玩卡片画上的相应的"井"字游戏。玩这种游戏是决不会输的，假如双方都正确无误地进行，最后就会出现和局。然而，参加游艺比赛的人总是处于不利的地位，因为他们没有掌握"井"字游戏的秘诀。因此，艺人卡尼先生很容易设置埋伏，使其必然获胜。

外科医生

答案： 在解释克利妮小姐想出的聪明办法之前，让我们首先找到只能保证医生们不受传染的那个办法。

我们用W1代表白手套的里面，W2代表其外面；B1代表蓝手套的里面，B2代表其外面。

史密斯医生动手术时，把这两副手套都戴上，先戴白手套，后戴蓝手套。W1可能被他弄脏，而B2一面可能被首领弄脏。

接着，琼斯医生动手术时，戴上蓝手套，无菌面B1同他的手相接触；罗比森医生动手术时则把白手套的一面翻出，然后戴上，使无菌面W2同他的手相接触。

现在来介绍一下克利妮小姐的办法：

轮到史密斯医生做手术时，可以同上述办法一样戴上两副手套，则W1和B2面可以被弄脏，但W2和B1仍保持无菌。

琼斯医生做手术时，戴上蓝手套，B1面与他的手接触，使B2面朝外。

罗比森医生做手术时，把白手套的W1面翻出后戴上，使W2面同他的手接触。然后他再戴上蓝手套，把它套在白手套的外面，使B2面也朝外。

在三位医生给首领做手术的时候，都只有B2与患者接触，所以患者不会有从任何一位外科医生那儿感染疾病的危险。

婴儿的身份标签

答案： 这个问题许多人都茫然不解，其原因是他们作了下列错误的假设：在四个婴儿中，三个婴儿与其标签相符的情况有许多种。但你如用"鸽笼原理"思索一下，情况就一清二楚了。假设有四个鸽笼，一一标有应放物品的名称。若三样物品都放在适当的鸽笼内，那么第四件物品只有一处可放，自然该处即为存放那件物品的地方。正确的可能只有一种，即所有四样物品都放置恰当这样一种情况，而不可能有更多的情况。

有一个关于三样东西都标签错误的

古典问题。一旦领悟到可以把情况的数目缩小为1，这问题也就迎刃而解了。假设在桌上有三个盖着盖子的盒子，其中一个盒内有两枚5分镍币，一个盒内有两枚1角银币，还有一个盒内有一枚5分镍币和一枚1角银币。三个盒上分别标有10分、15分、20分。但每个标签都标错了。某人用手伸进那只误标有15分的盒子，取出一枚硬币放在此盒前方的桌面上。你看到这枚硬币后能否说出每个盒内的硬币？

同上面一样，人们一般总是首先考虑有多少种不同的可能性，但你如洞悉底蕴，一眼就可看出只可能有一种情况，从误标为15分的盒内取出的硬币不是一枚镍币就是一枚银币。若是一枚镍币，你即明白：那盒内原有两枚镍币；若是一枚银币，你即明白：那盒内原有两枚银币。无论哪一种情况，其他两个盒内装的是什么硬币也就随之一清二楚了。欲知什么原因，可画一张六种可能情况的表。可以看出，三个盒子全都误标的情况只可能有两种。从标有15分的盒内取出一枚硬币试看一下就可排除一种情况，仅剩下唯一正确的情况。

有时，上述问题也会以稍复杂的形式出现。在三个盒中，从任意一个盒内取出最少量的硬币进行试看，以此来确定三个盒内各装有什么硬币。唯一的办法当然是从标有15分的盒内取一枚硬币试看。也许你能提出一些更加复杂的问题，诸如每个盒内东西不止两件，或者盒子不止三件等等。

其他许多发人深省的难题都与上面婴儿问题有关，同样也涉及初等概率论。例如，假设婴儿的标签以随机方式搞乱，那么四个标签全部正确的概率是多少？全部不正确的概率是多少？至少有一个正确的概率是多少？恰有一个正确的概率是多少？至少有两个正确的概率是多少？恰有两个正确的概率是多少？最多有两个正确的概率又是多少？诸如此类，不一而足。

"至少一个"的问题，就一般形式来说，属于古典趣味数学著作中的问题。这个问题通常如下所述：在一家旅店，有几个人在检查自己的帽子。寄帽部的粗心女郎没能使寄存牌和帽子做到一一对应，她随便地把寄存牌发了出去，问至少一人取回自己帽子的概率是多少？结果发现，当 n 增大时，其概率迅速趋近极限 $1-1/e$，或比 $1/2$ 稍好一点，其中 e 为著名的欧勒常数，等于 $2.71828\cdots\cdots$ 在概率问题中经常反复出现。

泡泡糖

答案： 第二个泡泡糖问题只是把第一个问题稍加改变而已，亦可以依同样的思路来解答。这时，第一次拿到的三粒糖有可能颜色不同红、白、蓝。这是"最坏"的情况，因为抽取结果不能如愿的次数最多。第四粒必定是这三种颜色中的一种。若要得到两粒同色的糖，琼斯夫人需准备花4分钱。

这还可推广至n组糖（每组糖的颜色不同）的情况。如果有n组糖，只需准备买n+1粒糖的钱。

第三个问题更难一点，即史密斯夫人带的是三胞胎而非双胞胎，泡泡糖出售机内的糖有六粒红的，四粒白的和一粒蓝的，她要得到三粒同色的糖需花多少钱？

如前一样，我们首先考虑最坏的情况，史密斯夫人有可能得到两粒红的、两粒白的以及那一粒蓝的，总共是五粒糖。第六粒不是红的就是白的，因此可以保证得到三粒同色的糖。所以答案是6分钱。如假定蓝色的糖不止一粒，她可能每种颜色的糖都抽到一对，这时就需要有第七粒糖以配成三粒同色的糖。

啊哈！关键在于看到"最坏"情况的长度。若使用死办法，把出售机内的

11粒糖各标以一个字母，然后考虑所有可能的抽取顺序。看啊！一个顺序在三粒同色糖出现之前的初链最长，那么这种解法需要列出39916800种序列！即使考虑问题时不区分同色的糖，仍然需要列出2310种序列。如何将其推广至k粒同色的糖，请看如下所述。若有n组糖（每组糖各有一种颜色，且至少有后粒），为了得到k粒同色的糖，就需抽取 $n(k-1)+1$ 粒糖。

如果一组或几组同色的糖少于k粒，情况又会怎样？请你不妨一试，也许你会感兴趣。

可用许多其他的方式做出这种问题的模型。例如，若要从一列52张的纸牌中抽到譬如说7张同花的牌，那么需要抽取多少张牌？这里，n=4，k=7。根据公式，答案是：$4×(7-1)+1=25$。

虽然这些只是简单的组合问题，但却可以从中引申出一些有趣而困难的概率问题。举例来说，若你抽取n张牌（n的范围是7至24），且每张牌取出后不再放回，问抽到7张同花的几率是多少？（显然，如果你抽取的牌少于7张，则几率为0；如果你抽取25张或更多的牌，则概率为1）若你每次把牌抽出后再放回去且把牌重新洗过，那么

其几率有何变化？还有一个更加困难的问题：设把牌抽出后重新放回或不再放回，若要拿到 k 张同花牌，问抽取牌次数的期望值（即从整体来看的平均数）是多少？

萃卖鸡蛋

答案：贝涅吉克托夫故事的结尾是这样的：

这个题目的确是很伤脑筋。三位姑娘在去市场的路上边走边商量。后来，二妹、三妹都请大姐出主意，大姐想了想，说："妹妹们，我们以前都是十个蛋十个蛋地出卖的，这次我们不这样干，改成七个蛋七个蛋地卖。每七个蛋一份，我们给每一份定一个价钱，按妈妈的嘱咐，我们三个人都得遵守。是的，一分钱也不让价！每份卖一个阿尔登（3分），你们意见怎样？"

"那太便宜了。"二妹说。

"可是我们把七个一份按份出售的鸡蛋卖完后，提高剩余各蛋的价钱呀！我已经注意到，今天市场上卖鸡蛋的除我们三人外，再无他人，因此，不会有人压低我们的价钱。那么，剩下的这点宝货，只要有人急用，货又剩得不多了，价钱自然要上涨。我们就是要在剩下的那几个蛋上把钱赚回来。"

"那么，剩下那几个蛋卖什么价钱呢？"

"每个蛋卖三个阿尔登。给钱吧，就这个价。急等鸡蛋下锅的买主是会出这个价钱的。"

"太贵了点。"又是二妹发言。

"那有什么，"大姐回答说，"我们'七个一份'的鸡蛋卖的不是太便宜吗？两者刚好抵消。

大家都同意了。

到了市场，姐妹三人各自找地方坐了下来卖她们的鸡蛋。买东西的男男女女看到鸡蛋如此便宜，都跑到三妹那儿，她的 50 个鸡蛋很快就差不多被抢光了：她七个一份做七份出售，卖了七个阿尔登，筐子里还剩下一个鸡蛋。二妹有 30 个鸡蛋，七个一份地卖给了四个顾客，筐子里还剩下两个鸡蛋，赚了四个阿尔登。大姐则卖了一份七个的蛋，赚了一个阿尔登，剩下了三个蛋。

这时，市场上赶来了一位女厨师，是奉主妇之命来采购鸡蛋的，她的任务是必须买到十只鸡蛋。原来，那位主妇的几个儿子回来探亲，都特别喜欢吃煎鸡蛋。女厨师在市场上转来转去，可鸡蛋都已卖光，卖鸡蛋的三个摊子上一共只剩下六个鸡蛋：一摊只有一个，另一摊只有两个，还有一摊只有三个。好吧！把这些都买来吧！可以想见，女厨师首先跑到有三个蛋的摊子前面，这个正是大姐的摊子。女厨师问道："这三个鸡蛋卖多少钱？"

那位回答说："三个阿尔登一个。"

"你怎么啦？发疯啦？"女厨师说。

那位则说："随您的便，少一个钱也不卖。就这几个了。"

女厨师跑到筐里只有两个鸡蛋的摊子那里。

"什么价钱？"

"三个阿尔登一个。不二价，蛋都卖光了。"

"你这个鸡蛋卖多少钱？"女厨师问三妹。

那位回答说："三个阿尔登。"

女厨师一点办法也没有。只好把蛋买下。"把剩下的蛋都给我吧！"

于是，女厨师付了九个阿尔登给大妹，买下她的三个鸡蛋。这样，连同原先卖出的一个阿尔登，大姐就一共卖了十个阿尔登。二妹的两个鸡蛋拿到了六个阿尔登，连同以前卖四份鸡蛋的四个阿尔登共得了十个阿尔登。三妹剩下的一个蛋卖了三个阿尔登，加上以前卖七份鸡蛋的七个阿尔登，一共也拿到了十个阿尔登。

三姐妹回到家里，每人交了十个阿尔登给妈妈。